［過去問］

2024
光塩女子学院初等科
入試問題集

JN124381

Shinga-kai

光塩女子学院初等科
過去10年間の入試問題分析
出題傾向とその対策

2023年傾向

今年度も2日間で考査が行われ、1日目はペーパーテスト、個別テスト、集団テスト、運動テスト、2日目は親子面接が行われました。今年度は個別テストとして、指定された色のキューブをはしで別容器に移す課題があり、はしの持ち方や扱いを見られました。

傾　向

考査は2日間の日程で、1日目はペーパーテスト、集団テスト、運動テスト、2日目は親子面接が行われてきましたが、2023年度は個別テストも加わりました。受験番号は出願順で、2021年度はＷｅｂ出願のみになりましたが、2022年度からはＷｅｂ出願後に記入した願書を郵送して出願完了となりました。ペーパーテストは約20人単位で行われます。例年、話の記憶、数量、推理・思考、模写、言語、巧緻性など幅広く出題されています。ここ数年は基礎力を見る問題が多く出されるようになりましたが、約束などの指示をよく聞いていないと正解に結びつかないこともありますので、お話を落ち着いて聞く力が必要です。数量では、指定されたものの総数を数えるもの、多い少ないなど数の違いを問うもののほか、お手本のようなセットが何組できるか問うもの、1対多の対応を問うものもよく出題されます。推理・思考は四方図、重さ比べやマジックボックス、変わり方、進み方を問う課題などからほぼ毎年、数項目が出題されています。変化を問う課題は光塩女子学院の特徴的な項目ですが、数の増減、位置が変わるもの、回転するものなどさまざまな形で出題されています。模写では点図形が多く出され、言語ではしりとりがいろいろな形式で出題されています。巧緻性では点線をなぞったり、線と線の間に線を引いたりする問題があり、丁寧に行えるかも見られています。2023年度の個別テストでは、塗り絵をしながらそこに描かれた女の子が何と言っているかを想像して答える課題や、はしの扱いがありました。集団テストは、2016、2018〜2020、2023年度は共同絵画や共同制作の課題でしたが、2021、2022年度はシールを使った創造画で、巧緻性の要素が含まれていました。行動観察ではジャンケンゲームや劇遊びなどお友達とのかかわり方を見るものが多く、グループ内での振る舞いも見られているようです。

運動テストでは模倣体操などの簡単な運動のほか、ケンケンや片足バランス、ジャンプなどが出題されています。2日目の親子面接は両親、本人の3人に対し、2人の面接官で行われます。時間は5〜10分で、父親には志望理由、仕事内容、子どもの成長、社会における女性の活躍についてなど、母親には子育てにおいての留意点や大切にしていること、仕事を持つ母親には仕事と育児のバランスなどがよく聞かれています。本人には名前、幼稚園（保育園）名、好きな遊び、どんなお手伝いをしているかなどがよく聞かれます。

対　策

過去の出題内容が再度出されることがあるので、これまでの問題にくり返し取り組むことをお勧めします。推理・思考の四方図や変化を問う問題は頻出しているので、そのような課題に慣れておく必要があります。空間把握力を問うものを苦手とする女子は多いですが、ご家庭ではプリントでの練習に偏らず、具体物を使い時間をかけて理解を深め、平面の絵を見たときに立体的な形を思い浮かべられるようにしておくとよいですね。また変化の問題では、位置の移動、色や模様の変化、回転などの向き、数の増減、印の入れ替えなどさまざまな視点がありますので、過去問にあたりながら柔軟に考える姿勢を養っておきましょう。学校側が求めているものには、出題の意図を正しく理解する力も含まれています。多くの会話を通して文脈の流れや、話の内容や結末について、お子さんが理解しているかを確かめてください。言語でのしりとりは頻出課題です。まずは語彙を増やし、かつ、ものの名称を一音ずつ正確に言えるようにしておきましょう。話の記憶では、要素をしっかり捉えることがポイントです。また解答にあたり、○だけでなく△をつけるなどの指示もあるので、落ち着いて聞き取ることも大切です。そのほか解答の仕方に注意が必要なものとして、2015年度は印と色を指示通りに置き換える色塗り、2016年度は指示通りにかいた形を使った創造画が出題されました。かく作業が重要な課題としては、2014、2017〜2019年度は点図形、2020年度は模写、2020〜2023年度は巧緻性の課題として点線をなぞる、線を引くなどの作業も連続して出題されています。思い通りの線や形をきれいにかくには適度な筆圧が必要です。鉛筆を正しく持つ、紙を押さえる、きれいに印をかくというような基本に加え、正しい姿勢で机に向かう習慣を早めに身につけておきましょう。集団行動ではお友達と仲よくできることが大事ですが、テスターがお話しすることを素直に聞き入れ、グループとしての意識を持って行動しているかも重要です。また、相談して決めた自分の作業に責任を持って、着実にこなしていく集中力、持久力も必要なので、さまざまな課題にふれて対応力を養っておきましょう。巧緻性では、切る、貼る、結ぶといった基本的な技能を正しく身につけるとともに、塗り絵や貼り絵などの単調な作業も楽しんでコツコツ行う根気を養っておいてください。面接の時間は短いですから、過去によく聞かれている質問については、回答を事前に簡潔にまとめておきましょう。早めに学校情報をつかみ、志望理由をご両親でよく話し合い、願書記入においては、求められていることを短い文章にまとめ、かつ熱意が伝わるよう工夫してください。

年度別入試問題分析表

【光塩女子学院初等科】

	2023	2022	2021	2020	2019	2018	2017	2016	2015	2014
ペーパーテスト										
話	○	○	○	○	○	○	○	○	○	○
数量	○	○	○	○	○	○	○	○	○	○
観察力										
言語	○	○	○		○	○	○	○	○	
推理・思考	○	○		○	○	○	○	○	○	○
構成力										
記憶										
常識		○								○
位置・置換										
模写				○	○	○				○
巧緻性	○	○	○	○		○		○	○	
絵画・表現								○		
系列完成					○					
個別テスト										
話	○									
数量										
観察力										
言語	○									
推理・思考										
構成力										
記憶										
常識										
位置・置換										
巧緻性	○									
絵画・表現										
系列完成										
制作										
行動観察										
生活習慣	○									
集団テスト										
話										
観察力										
言語					○		○	○	○	
常識										
巧緻性										
絵画・表現	○	○	○		○	○		○		
制作				○						
行動観察		○				○			○	○
課題・自由遊び								○		
運動・ゲーム	○	○	○	○	○	○	○	○	○	○
生活習慣		○	○	○						
運動テスト										
基礎運動					○					
指示行動										
模倣体操							○		○	
リズム運動										
ボール運動										
跳躍運動			○					○	○	
バランス運動	○	○	○	○		○	○	○	○	○
連続運動	○			○						
面接										
親子面接	○	○	○	○	○	○	○	○	○	○
保護者(両親)面接										
本人面接										

※伸芽会教育研究所調査データ

小学校受験Check Sheet

　お子さんの受験を控えて、何かと不安を抱える保護者も多いかと思います。受験対策はしっかりやっていても、すべてをクリアしているとは思えないのが実状ではないでしょうか。そこで、このチェックシートをご用意しました。1つずつチェックをしながら、受験に向かっていってください。

✳ ペーパーテスト編

①お子さんは長い時間座っていることができますか。

②お子さんは長い話を根気よく聞くことができますか。

③お子さんはスムーズにプリントをめくったり、印をつけたりできますか。

④お子さんは机の上を散らかさずに作業ができますか。

✳ 個別テスト編

①お子さんは長時間立っていることができますか。

②お子さんはハキハキと大きい声で話せますか。

③お子さんは初対面の大人と話せますか。

④お子さんは自信を持ってテキパキと作業ができますか。

✳ 絵画、制作編

①お子さんは絵を描くのが好きですか。

②お家にお子さんの絵を飾っていますか。

③お子さんははさみやセロハンテープなどを使いこなせますか。

④お子さんはお家で空き箱や牛乳パックなどで制作をしたことがありますか。

✳ 行動観察編

①お子さんは初めて会ったお友達と話せますか。

②お子さんは集団の中でほかの子とかかわって遊べますか。

③お子さんは何もおもちゃがない状況で遊べますか。

④お子さんは順番を守れますか。

✳ 運動テスト編

①お子さんは運動をするときに意欲的ですか。

②お子さんは長い距離を歩いたことがありますか。

③お子さんはリズム感がありますか。

④お子さんはボール遊びが好きですか。

✳ 面接対策・子ども編

①お子さんは、ある程度の時間、きちんと座っていられますか。

②お子さんは返事が素直にできますか。

③お子さんはお父さま、お母さまと3人で行動することに慣れていますか。

④お子さんは単語でなく、文で話せますか。

✳ 面接対策・保護者（両親）編

①最近、ご家族での楽しい思い出がありますか。

②ご両親の教育方針は一致していますか。

③お父さまは、お子さんのお家での生活や幼稚園・保育園での生活をどれくらいご存じですか。

④最近タイムリーな話題、または昨今の子どもを取り巻く環境についてご両親で話をしていますか。

section 2023 光塩女子学院初等科入試問題

■ 選抜方法

考査は2日間で、1日目に15～20人単位でペーパーテスト、個別テスト、集団テスト、運動テスト、2日目に親子面接を行う。所要時間は1日目が2時間30分～3時間、2日目の面接は5～10分だが、受験番号によっては待ち時間が1時間前後になることもある。

考査：1日目

┃ ペーパーテスト ┃ 筆記用具は鉛筆を使用し、訂正方法は＝（横2本線）。出題方法は音声と口頭、一部プロジェクターも使用。

1 話の記憶

「ある晴れた日のことです。ウサギさん、リスさん、ネコさんは電車に乗ってお出かけをします。駅で待ち合わせた3匹は、電車に乗って1つ目の駅で降りました。ここには、お友達のサルさんのお父さんがやっているおまんじゅう屋さんがあるのです。甘いものが大好きなみんなは、おいしいおまんじゅうを食べるのを楽しみにしています。駅から歩いていくと、木の葉っぱが赤や黄色になっていて、とてもきれいです。リスさんとネコさんは『わあ、きれい』とうっとりしています。『葉っぱが赤や黄色に変わることを、紅葉って言うんだよ』とウサギさんが教えてくれました。『へえ、そうなんだ』。動物たちがきれいな葉っぱに見とれつつ歩いていると、おまんじゅう屋さんが見えてきました。お店に着くと、サルさんのお父さんができたてのホカホカしたおまんじゅうを運んできました。3匹はお店の前のベンチに座り、『紅葉を見ながら食べるとおいしいね』と話しながらみんなで食べました。それから駅まで戻り、もう一度電車に乗りました。今度は川へ遊びに行きます。駅に着いて川に向かって歩いていると、1軒のお店がありました。お土産をたくさん売っています。『いいにおいがするよ』。どうやら、そのお店では食事もできるようです。『ちょうどお昼ごはんの時間だね。もうおなかがペコペコ』。動物たちは、そのお店でお昼ごはんを食べることにしました。ウサギさんは温かいおそばを、リスさんはのり巻きと玉子のお寿司のセットを、ネコさんは温かいうどんを食べました。『ごちそうさまでした』。おなかがいっぱいになった動物たちは、川に向かって歩き出しました。そして川でたくさん遊んだ後、さっきお昼ごはんを食べたお店に戻ってお土産を買うことにしました。ウサギさんは手袋、リスさんは写真立て、ネコさんはクッキーを買いました。『楽しかったね。また来ようね』。3匹はお土産を持って電車に乗り、お家へ帰りました」

・チューリップの四角です。動物たちは何に乗って出かけましたか。その乗り物に○をつけましょう。
・ユリの四角です。動物たちが最初のお店で食べたものに○をつけましょう。
・チョウチョの四角です。ウサギさんがお昼ごはんに食べたものに○をつけましょう。
・トンボの四角です。ウサギさんが買ったお土産に○をつけましょう。

2 数 量

・はさみはいくつありますか。その数だけ、はさみの横の長四角に○をかきましょう。
・鉛筆は何本ありますか。その数だけ、鉛筆の横の長四角に○をかきましょう。
・はさみと鉛筆の数はいくつ違いますか。その数だけ、はさみと鉛筆の横の長四角に○をかきましょう。
・チョウチョの四角には筆箱が3つあります。1つの筆箱に、上の四角にある消しゴム1個と鉛筆2本を入れると、消しゴムと鉛筆はそれぞれいくつ余りますか。余る数だけ、トンボの横の消しゴムと鉛筆に1つずつ○をつけましょう。

3 数量（マジックボックス）

・上の四角がお約束です。左側にある丸は、それぞれの動物が魔法をかけると数が増えたり減ったりして、右のようになります。では、下の四角を見てください。左端の丸は、矢印の順番で動物が魔法をかけるといくつになりますか。その数だけ、右側の四角に○をかきましょう。

4 推理・思考（四方図）

・左端のように置かれた積み木をいろいろな方向から見た絵が右に描いてあります。この中で、どこから見てもそのように見えないものを選んで、○をつけましょう。

5 言語（しりとり）

・左側の3つの絵をしりとりでつながるように並べ替えたとき、次につながるものはどれですか。それぞれの右側から選んで○をつけましょう。

6 常識（仲間探し）

・左の絵と仲よしのものを右から選んで、点と点を線で結びましょう。

7 巧緻性

・点線をなぞりましょう。
・ブドウの絵の中にある白丸からスタートして進みます。黒い線にぶつからないように気をつけて、ゴールの黒丸まで線を引きましょう。

個別テスト

8 巧緻性

困った顔と怒った顔をした2人の女の子が描いてある台紙、青のクーピーペン、鉛筆が用意されている。

・クーピーペンと鉛筆を使って、女の子たちに色を塗りましょう。

お話作り・言語

塗り絵の途中で、テスターに質問される。

・女の子たちは何と言っていると思いますか。お話ししてください。

9 生活習慣

塗り絵の途中で、テスターに呼ばれて行う。子ども用の塗りばし、赤、黄色、白の3色キューブがたくさん入った紙皿、何も入っていない紙皿と紙コップが机に用意されている。

・紙皿にある赤いキューブを何も入っていない紙皿に、黄色のキューブを紙コップに、それぞれおはしでつまんで移しましょう。白いキューブはそのままにしておきます。「やめ」と言われたら、途中でもおはしを置きましょう。

集団テスト

絵の記憶

スクリーンに映された数枚の絵カードを見て、テスターに「目を閉じましょう」と言われたら目を閉じる。その後、テスターに「目を開けましょう」と言われて目を開けると、絵カードが1枚なくなっている。

・何のカードがなくなっていますか。わかったら手を挙げて、先生にさされたら答えましょう。

〈絵カード例・動物〉 （ほかに虫、野菜、果物などの種類もあり）

ジャンケンゲーム

立ったままテスターと全員がジャンケンをする。勝った人と負けた人はその場に座り、あいこの人はそのままジャンケンを続ける。ゲームの途中でお約束が変わる場合もある。

写真撮影ごっこ

5〜7人の3グループに分かれ、グループごとに横1列に並んで3列を作る。前から1列目がひざをついて立ち、2列目が中腰になって手をひざに置き、3列目が気をつけの姿勢で立ったら、テスターが両手の指で四角を作ってカメラで集合写真を撮るまねをする。次は、列はそのままで、自分で考えた好きなポーズをそれぞれとり、同じように集合写真を撮るまねをする。

共同絵画（お弁当作り）

4、5人のグループに分かれて行う。クマ、雲、ハート、四角の形のお弁当箱の絵が印刷された上質紙（B4判）各1枚が、ホワイトボードに貼ってある。グループごとにクレヨンが用意されている。

・グループのお友達と相談し、どのお弁当箱を選ぶか決めましょう。お弁当箱が決まったら、次にリーダーを決めてください。リーダーは、グループでどのお弁当箱を選んだかをみんなの前で発表します。もし同じお弁当箱を選んだグループがあったら、どのグループが使うかはジャンケンで決めてください。決まったら、グループごとにお弁当箱の紙を机の上に置き、何を入れるか相談してみんなで中身を描きましょう。最後に、何を描いたか発表します。

運動テスト

片足バランス

・右足、左足でそれぞれ片足バランスをする。
・目を閉じて片足バランスをする。やりやすい方の足でよいという指示がある。

連続運動

テスターが投げたボールを受け止める→ボールを真上に投げ上げ、手を1回たたいてから受ける→テスターに向かってボールを投げる→終わったら体操座りで待つ。

考査：2日目

親 子 面 接

本 人

- お名前、幼稚園（保育園）の名前を教えてください。
- 幼稚園（保育園）の先生の名前を教えてください。
- 幼稚園（保育園）のお友達の名前を教えてください。
- 幼稚園（保育園）では、何をして遊びますか。（回答により質問が発展する）
- 幼稚園（保育園）のお友達の好きなところは、どんなところですか。（回答により質問が発展する）
- お家の人には、どのようなときにほめられますか。どのようなときにしかられますか。
- お家では、どのようなお手伝いをしていますか。
- 昨日の試験はどうでしたか。

父 親

- 志望理由を教えてください。
- お仕事についてお聞かせください。
- コロナ禍でお仕事は大変ではありませんか。
- 本校で、お子さんのどのようなところを伸ばしたいですか。
- 本校に期待することをお話しください。
- お休みの日は、お子さんとどのようにかかわっていますか。

母 親

- お仕事はお持ちですか。
- （持っていると答えた母親に対し）お仕事の内容について詳しくお聞かせください。
- （持っていると答えた母親に対し）家事分担はどのようにしていますか。
- （持っていると答えた母親に対し）お子さんとの時間はどのように確保していますか。
- 幼稚園（保育園）ではどのようなお子さんだと言われていますか。
- 子育てで大切にしていることは何ですか。

面接資料／アンケート

Ｗｅｂ出願後に郵送する願書には以下のような記入項目があり、志願者写真を貼付する。

- 志願者の氏名、生年月日、現住所、電話番号、通学所要時間。
- 志願者の出身幼稚園（保育園）および性格。
- 保護者の氏名、続柄。

・家族・同居人（参考になると思われることは自由記入）。

・出願の理由その他。

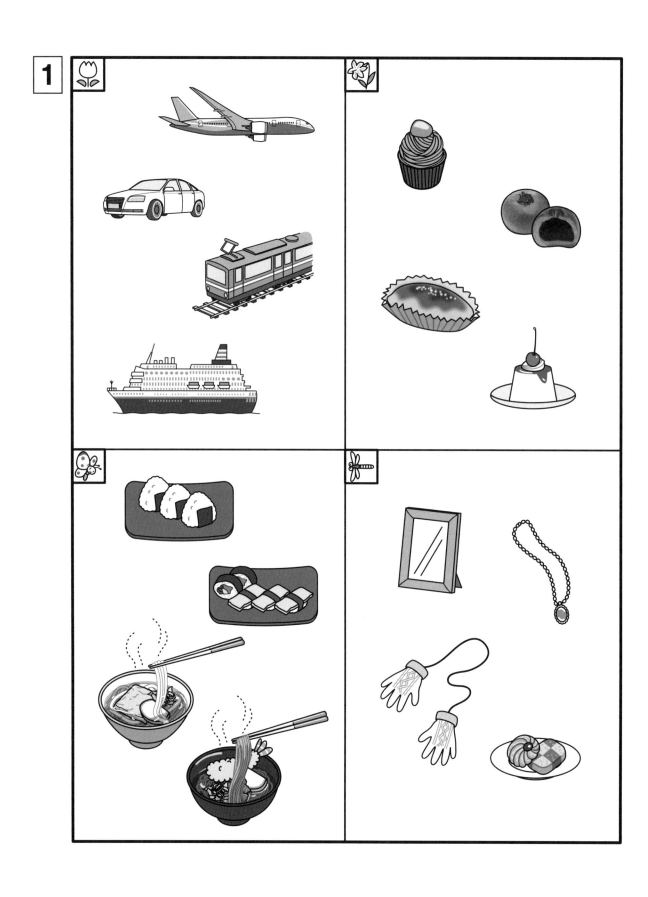

2

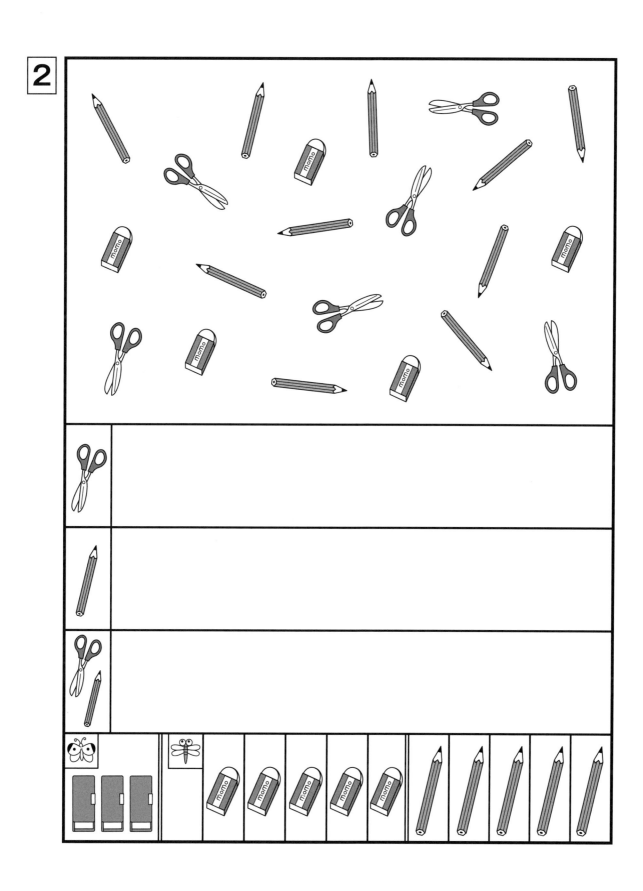

3

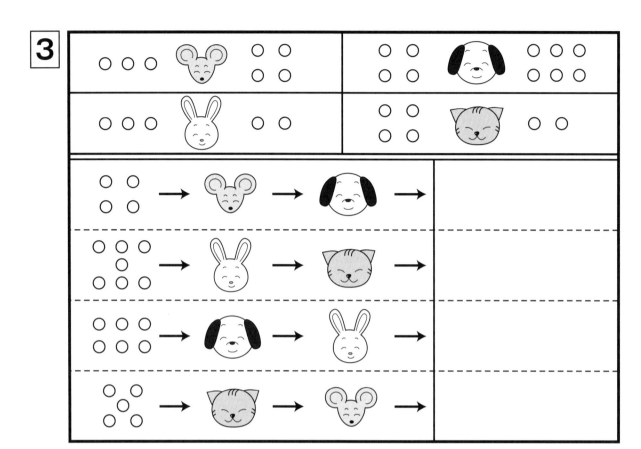

4

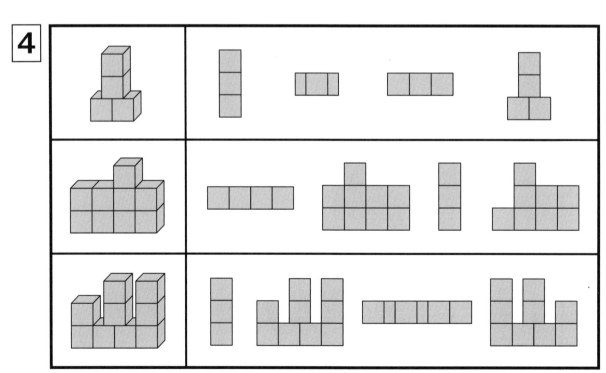

5

6

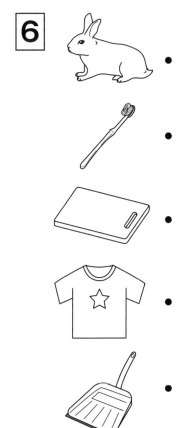

7

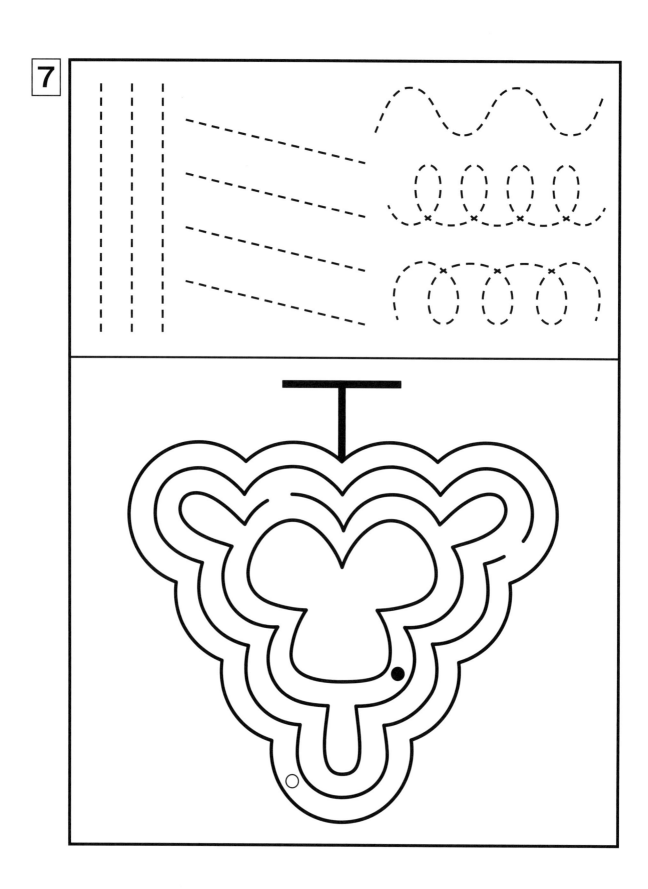

8

9

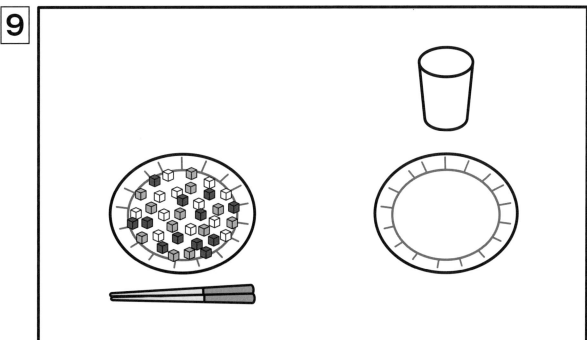

section
2022 光塩女子学院初等科入試問題

■ 選抜方法

考査は2日間で、1日目に15〜20人単位でペーパーテスト、集団テスト、運動テスト、2日目に親子面接を行う。所要時間は1日目が2時間30分〜3時間、2日目の面接は5〜10分だが、受験番号によっては待ち時間が1時間前後になることもある。

考査：1日目

■ ペーパーテスト

筆記用具は鉛筆を使用し、訂正方法は＝（横2本線）。出題方法はプロジェクターを使用。

1 話の記憶

「ある日、クマ君が『今度、月に行くからロケットを作るよ。みんなも手伝ってくれる？』とサル君に言いました。『それじゃあ、お友達も呼んでくるね』。サル君はそう言うと、リスさんとキリンさんを呼びに行きました。何でも作ることができるクマ君は、さっそく道具を用意してロケットを作り始めました。そして最後に扉をネジで留めると、あっと言う間にロケットができあがりました。『さあ、これで宇宙に行こう！』とクマ君が言うと、みんなはロケットに乗り込みました。最後にキリンさんが乗ろうとすると、長い首が扉に引っかかって乗ることができません。仕方がないのでキリンさんは『これで、月から宇宙の写真を撮ってきてくれる？』と言って、クマ君にカメラを渡しました。クマ君が操縦士になって、いよいよロケットは宇宙に向けて出発です。ロケットの中で動物たちは、『月に着いたらまず、おやつを食べようね』と相談を始めました。『僕はサツマイモを持ってきたよ』とクマ君が言うと、『僕はバナナ』とサル君。リスさんは『わたしはクルミよ』とにぎやかです。しばらくすると月が見えてきました。『キリンさんも一緒だとよかったね』とサル君が言ったそのときです。ロケットが、大きな音を立ててガタガタと揺れ始めました。『大変だ、ロケットが故障した！』みるみるうちに、ロケットは真っ暗な宇宙の中に吸い込まれていきました。『どうしよう……』。そのときです。『ルルル、ルルル』と、どこからか目覚まし時計の音が聞こえます。クマ君がびっくりして目を開けると、そこはベッドの上でした。『よかった、夢だったんだね』と、クマ君は安心して胸をなでおろしました」

・サクランボの四角です。クマ君が夢の中で作ったものに○をつけましょう。
・チューリップの四角です。ロケットに乗ることができなかった動物に○をつけましょう。

- ユリの四角です。リスさんがおやつに持っていったものに○をつけましょう。
- トンボの四角です。クマ君が聞いた「ルルル」という音は何の音ですか。合う絵に○をつけましょう。

2 数 量

- 魚は何匹いますか。その数だけ、魚の横の長四角に1つずつ○をかきましょう。
- ワカメの陰には、1匹ずつ魚が隠れています。魚は全部で何匹いますか。その数だけ、ワカメの横の長四角に1つずつ○をかきましょう。
- 今見えている魚が、何匹かイソギンチャクに隠れて5匹になりました。イソギンチャクには何匹隠れていますか。その数だけ、イソギンチャクの横の長四角に1つずつ○をかきましょう。

3 推理・思考（四方図）

- テーブルの上に積み木が置いてあります。イヌからはどのように見えますか。見えている様子を右側から選んで、それぞれ○をつけましょう。

4 言語（しりとり）

- 左の列の5つの四角を見ましょう。下から上に向かって、しりとりでつなげます。「リス」から始めて最後の「キリン」までつなげるには、星印のところには「カモメ」が入るとよいですね。そのため、すぐ下の大きな四角の中のカモメに星印がつけられています。同じように、それぞれの列に描かれた絵を下から順にしりとりでつなぐとき、印のところには何が入るとよいですか。下の大きな四角の中から選んで、それぞれの印をつけましょう。

5 巧緻性

- 点線をなぞりましょう。
- リスと切り株の絵の中にある白丸からスタートして下に進みます。黒い線にぶつからないように気をつけて、ゴールの黒丸まで線を引きましょう。

集団テスト

絵画（創造画）

B4判の白画用紙、直径約20㎜（赤）、直径約16㎜（水色）、直径約8㎜（黄色）の丸シールが各色1シートずつ、鉛筆が用意されている。
- シールを画用紙に自由に貼って、好きな絵にしましょう。足りないところは鉛筆を使っ

て描き足してください。

🔖 生活習慣

すべり止めがついた子ども用の塗りばし、紫のキューブが12個入った紙皿、紙コップが用意されている。

・紙皿に入っている紫のキューブを、おはしでつまんで紙コップに移しましょう。紙皿と紙コップに手で触ってはいけません。キューブを落としたら拾わず、そのままにしておきましょう。「やめ」と言われたら途中でも移すのをやめて、おはしを置きましょう。

🔖 ジャンケンゲーム

子どもたち対テスターで、体を使ってジャンケンをする。パーは両手でバンザイをして足を開く。チョキは手を腰に当てて足は前後に広げる。グーは手で膝を抱えてしゃがむ。負けた人とあいこの人は座り、勝った人は立ったままジャンケンを続ける。最後まで残った人の勝ちとなる。

🔖 劇遊び

「桃太郎」に出てくる８つの場面の絵が掲示されている。テスターがお話を読み聞かせた後、掲示された場面の中のどの役をやりたいか聞かれるので挙手をする。話の順番通りに前に出て、テスターが言う役の台詞に合わせた動きを自分で考えて行う。お友達が演じるときは、体操座りまたは正座をして見る。

運動テスト

🔖 片足バランス

・右足、左足でそれぞれ10秒間片足バランスをする。
・目を閉じて片足バランスをする。やりやすい方の足でよいという指示がある。

考査：２日目

親 子 面 接

本 人

・お名前、幼稚園（保育園）の名前を教えてください。
・幼稚園（保育園）の先生の名前を教えてください。

・幼稚園（保育園）では何をして遊びますか。
・お友達とは何をして遊びますか。
・得意なことは何ですか。
・昨日の考査（1日目）はどうでしたか。難しかったですか。お父さんとお母さんに、自分の言葉でお話ししてください。
・昨日の考査（1日目）ではお友達と遊んだと思いますが、どうでしたか。（発展した質問あり）

父　親

・志望理由を教えてください。
・本校に期待することをお聞かせください。
・キリスト教についてどのように考えているか、お聞かせください。
・ご家庭の教育方針をお話しください。
・お子さんとの普段の過ごし方を教えてください。
・お子さんとの時間をどのようにつくっていますか。

母　親

・お仕事はお持ちですか。（持っていると答えた母親に対し）お仕事の内容について詳しくお聞かせください。お子さんとの時間はどのくらいありますか。
・幼稚園（保育園）ではどのようなお子さんだと言われていますか。
・幼稚園（保育園）でトラブルがあったとき（帰宅時にお子さんが泣いていたとき）、どうしますか。
・ご家庭の教育方針についてお話しください。
・お子さんをほめるときはどのような時ですか。
・お子さんにこれだけは伝えたい、教えたいことは何ですか。

面接資料／アンケート

Ｗｅｂ出願後に郵送する願書には以下のような記入項目があり、志願者写真を貼付する。

・志願者の氏名、生年月日、現住所、電話番号、通学所要時間。
・志願者の出身幼稚園（保育園）および性格。
・保護者の氏名、続柄。
・家族・同居人（参考になると思われることは自由記入）。
・出願の理由その他。

1

2

3

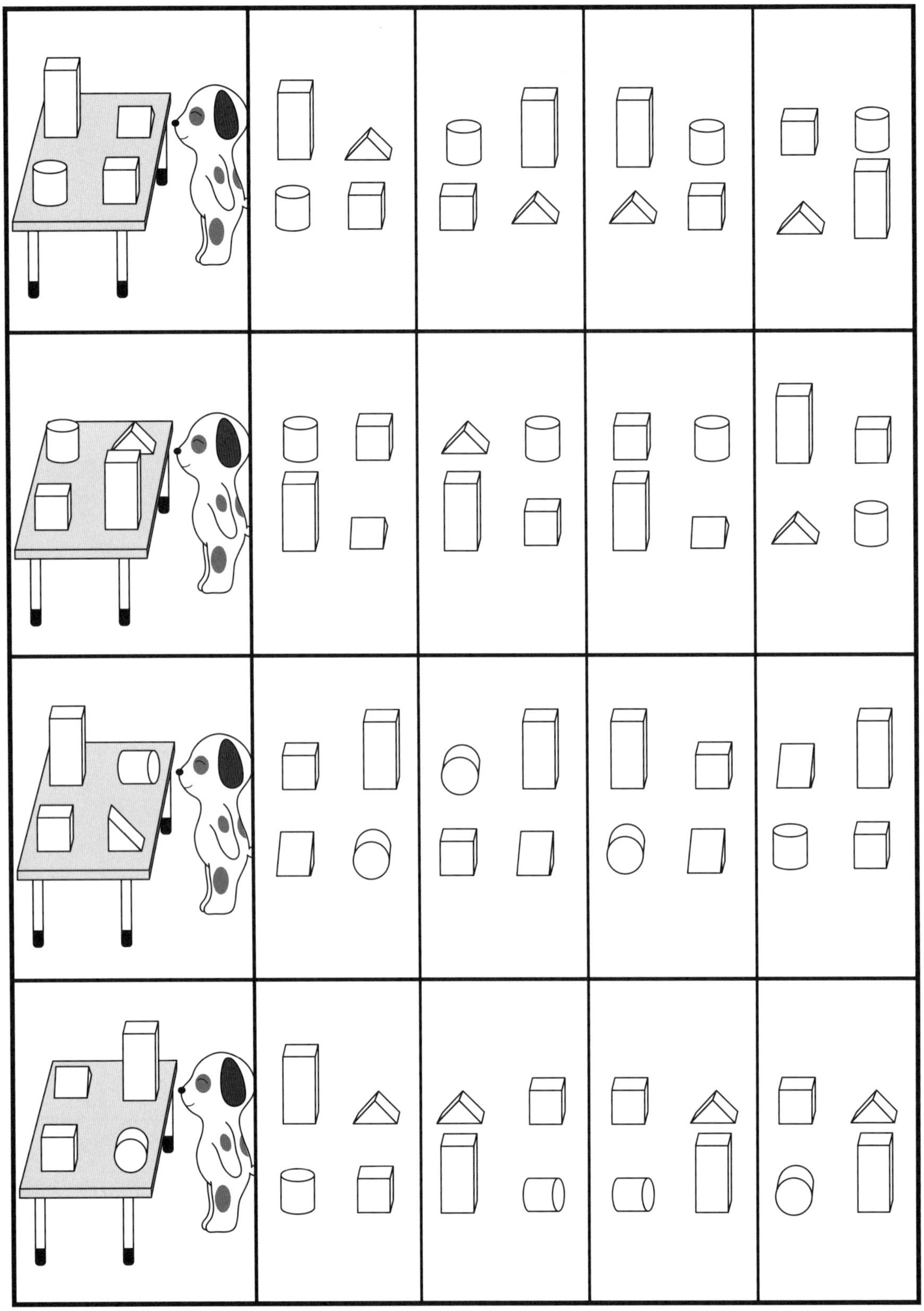

4

5

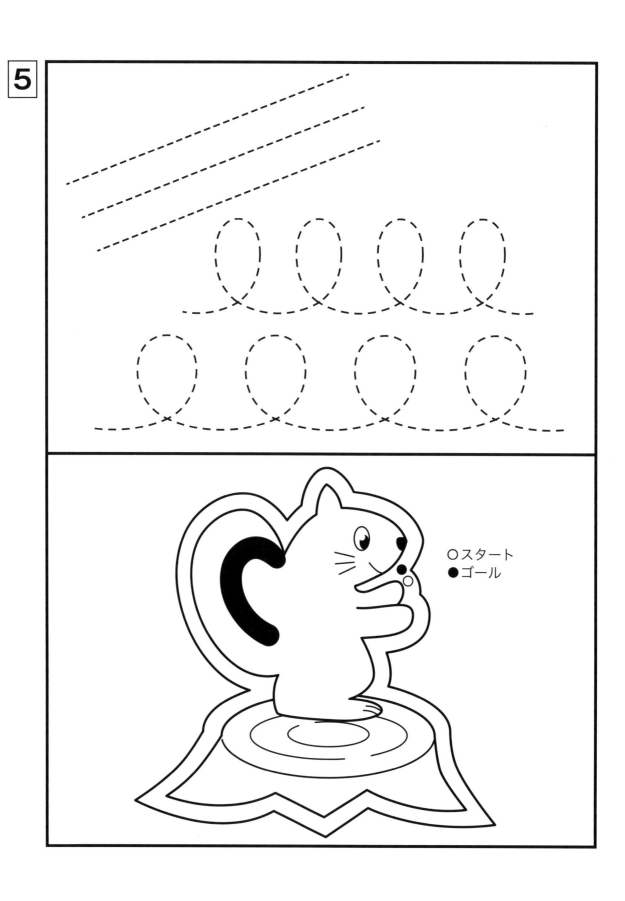

○スタート
●ゴール

section 2021 光塩女子学院初等科入試問題

■ 選抜方法

考査は2日間で、1日目にペーパーテスト、集団テスト、運動テスト、2日目に親子面接を行う。所要時間は1日目が2～3時間、2日目の面接は5分程度だが、受験番号によっては待ち時間が1時間前後になることもある。

考査：1日目

┃ ペーパーテスト ┃

筆記用具は鉛筆を使用し、訂正方法は ＝（横2本線）。出題方法は口頭と音声。

1 話の記憶

「ここは広い海の中。タコのアイスクリーム屋さんは、いつもたくさんのお客さんで大忙しです。今日もさっそく、お客さんがやって来ました。最初に来たのはカニさん。『いらっしゃいませ、何にしますか？』とタコさんが元気よく聞くと『今日はイチゴ味のアイスクリームをください』とカニさんが言いました。『今日のイチゴは特別おいしいですよ。はい、どうぞ』。『ありがとう』と言って一口食べたカニさんは『まあ、おいしい』。それを聞いたタコさんはうれしくなりました。次にカメの親子がやって来ました。子ガメが『チョコレート味のアイスクリームがいいな』と言うので『はい、どうぞ。おいしいチョコレート味ですよ』と渡してあげました。食べようとしたときです。『あっ！』子ガメはうっかりアイスクリームを落としてしまいました。すると、ちょうど近くにいたクラゲが上手に受け止めて、『はい、どうぞ』と子ガメに渡してくれました。『ありがとうございます』とお礼を言ってカメの親子は帰っていきました。3番目にやって来たのはイルカの3きょうだいです。『僕はモモ味』。『僕はメロン味』。『僕はチョコレート味』と、それぞれが好きな味のアイスクリームを注文しました。次にやって来たのはサメ君です。お店に来たとたんに『ハンバーグをください』と言ったので、そこにいたみんなはびっくり。だってそこはアイスクリーム屋さんなのですから。みんなが『ここにはありませんよ』と言おうとしたとき、タコさんは『はい、ハンバーグですね。今、ご用意します。よかったら皆さんもどうぞ』と言い、8本の足を上手に使い、あっと言う間においしいハンバーグを作ってくれました。タコさんはアイスクリーム作りだけでなく、料理も得意なのです。みんなでおいしくハンバーグを食べていると、マグロ君が『どいて、どいて！』とすごい勢いでお店に飛び込んできました。『マグロ君、危ないよ。気をつけて』とマグロ君はみんなにしかられてしまいました。『ごめん、ごめん。早くアイスクリームが食べたくてついつい急

ぎすぎちゃって……』と恥ずかしそうに言いました。しゅんとしたマグロ君を見てみんなは大笑い。そのときです。大きなうねりとともにクジラ君がやって来て、アイスクリーム屋さんごとみんなを飲み込んでしまいました。クジラ君は『失敗、失敗。僕はアイスクリームを買いに来たつもりだったのだけど、買う前に飲み込んじゃった。みんなだいじょうぶ?』いえいえ、だいじょうぶではありません。おなかの中は真っ暗で何も見えません。なのにみんなは『アイスクリーム、おいしいね』とタコさんの作ったアイスクリームを食べていたそうですよ。さて、それからみんなはどうやってクジラ君のおなかから外へ出たのでしょうね」

- リンゴの四角です。アイスクリーム屋さんはどの生き物でしたか。選んで○をつけましょう。
- パイナップルの四角です。イルカの3きょうだいがそれぞれ食べたアイスクリームは何味でしたか。すべて選んで○をつけましょう。
- サクランボの四角です。サメ君が頼んでみんなで食べたものは何でしたか。選んで○をつけましょう。
- メロンの四角です。このお話に出てこなかったものを選んで○をつけましょう。

2 数 量

- 大きな四角の中に、三角と丸がかいてありますね。三角の中にアメはいくつありますか。その数だけアメの横のマス目に1つずつ○をかきましょう。
- 丸の中にドーナツはいくつありますか。その数だけドーナツの横のマス目に1つずつ○をかきましょう。
- 三角と丸の外側にあるアメとドーナツの数はいくつ違いますか。その数だけチューリップの横のマス目に1つずつ○をかきましょう。
- お皿1枚にアメを2つとドーナツを3つのせます。大きな四角の中にあるアメとドーナツを同じようにお皿にのせていくと、何枚のお皿ができますか。その数だけお皿の横のマス目に1つずつ○をかきましょう。

3 推理・思考（四方図）

- テーブルの上に積み木が置いてあります。左の四角のように見えるのは、どのいすに座ったときですか。右側に描いてあるいすに○をつけましょう。

4 推理・思考（進み方）

一番上がお約束です。黒丸のときは下に、白丸のときは上に、黒星のときは右斜め下に、白星のときは右斜め上に、黒三角のときは右に、白三角のときは左の方向に、それぞれ1マス分ずつ点線や外側の枠を進みます。

・上の4つです。ネコが点線や外側の枠の上を進んでいきます。それぞれの四角の上に進み方がかいてあります。ネコが今いるところからスタートして、上のお約束通りに進むと最後にどこに着きますか。着くところにそれぞれ◎をかきましょう。

・一番下の2つです。ネコが今いるところからスタートして、上のお約束の印を5つ使って最後に着いたところに◎がかいてあります。どのような順番で進んで着いたのでしょうか。その順番通りに、すぐ上の長四角にお約束の印をかきましょう。また、点線や外側の枠を進んだ通りになぞりましょう。

5 言 語

・左側の四角の中のものの名前の最初の音を使って、右側の四角のものの名前を作ります。使うものを左の四角から選んで○をつけましょう。

・左側の四角の中のものの名前の最後の音を使って、右側の四角のものの名前を作ります。使うものを左の四角から選んで○をつけましょう。

・左側の四角の中のものの名前の2番目の音を使って、右側の四角のものの名前を作ります。使うものを左の四角から選んで○をつけましょう。

6 巧緻性

・点線をなぞりましょう。

・コスモスの絵の中にある白丸からスタートして下に進みます。黒い線にぶつからないように気をつけて、ゴールの黒丸まで線を引きましょう。

集団テスト

絵画（創造画）

B4判の白画用紙、直径約16㎜の丸シール（赤、黄色、紫、水色、オレンジ色）が各色1シートずつ、鉛筆が用意されている。

・シールを画用紙に自由に貼って、好きな絵にしましょう。足りないところは鉛筆を使って描き足してください。

生活習慣

すべり止めがついた子ども用の塗りばし、赤、黄色、白の3色キューブが8個ずつ入った紙皿、紙コップが用意されている。

紙コップ

赤・黄色・白のキューブがそれぞれ8個ずつ入っている

浅い紙皿

子ども用塗りばし

・紙皿に入っている黄色いキューブだけをおはしでつまんで紙コップに移しましょう。紙皿と紙コップに

は触ってはいけません。「やめ」と言われたら、途中でもおはしを置きましょう。

◼ ジャンケンゲーム

立ったままテスターと全員がジャンケンをする。負けた人とあいこの人は座り、勝った人はそのままジャンケンを続ける。最後まで立っている人が勝ちとなる。

◼ リズム・身体表現

4、5人ずつのグループに分かれて行う。「きらきらぼし」の歌の振りつけをお友達と考えて発表する。

▌運動テスト ▌

◼ 片足バランス

片足のひざを後ろに曲げ、両手で足の甲を持ちかかとをおしりにつけて、10秒間片足バランスをする。反対の足も同じようにする。

◼ ジャンプ

床にかかれた四角の中に立つ。テスターの手拍子に合わせて、両足跳びで四角の前→中→後ろ→中→右→中→左→中と移動をくり返す。

考査：2日目

▌親 子 面 接 ▌

本 人

- ・お名前、幼稚園（保育園）の名前を教えてください。
- ・幼稚園（保育園）では何をして遊びますか。
- ・お友達とは何をして遊びますか。
- ・今、遊んでいるものをお友達に「貸して」と言われたらどうしますか。
- ・お家ではどのようなお手伝いをしますか。そのときにお家の方は何と言いますか。言われたときはどんな気持ちですか。
- ・お母さん（お父さん）にはどのようなときにほめられますか。
- ・どうしてマスクをつけているのですか。
- ・コロナウイルスのことは知っていますか。

・昨日の考査（1日目）は難しかったですか。

父　親

・志望理由を教えてください。
・お仕事について詳しくお聞かせください。
・コロナウイルス対策で自粛期間中は、お子さんとどのようにかかわっていましたか。
・オンライン授業について、どのようにお考えですか。
・オンライン授業時の機器の使用に対する不安はありますか。

母　親

・お仕事はお持ちですか。（持っていると答えた母親に対し）お仕事の内容について詳しくお聞かせください。
・幼稚園（保育園）ではどのようなお子さんだと言われていますか。
・ご主人とお子さんはどのようなところが似ていますか。
・お子さんの成長を感じるところはどのようなところですか。
・オンライン授業を行っていますが、タブレット端末を使うことや、そのような教育をすることについてはどのように思われますか。
・息抜きにはどのようなことをなさいますか。

面接資料／アンケート　子どもの考査中に、A4判の用紙1枚に記入する。以下の項目がある。

・志望理由。
・受験者の性質、傾向について。
・その他、参考になると思われる諸事項（自由記入）。

1

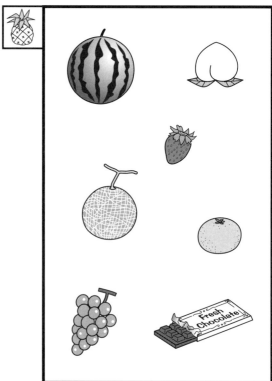

2

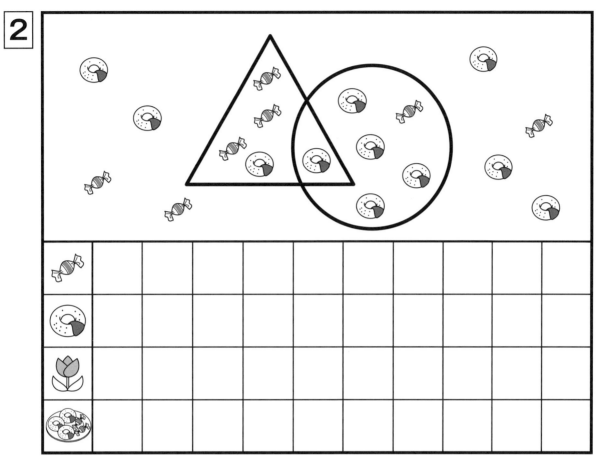

3

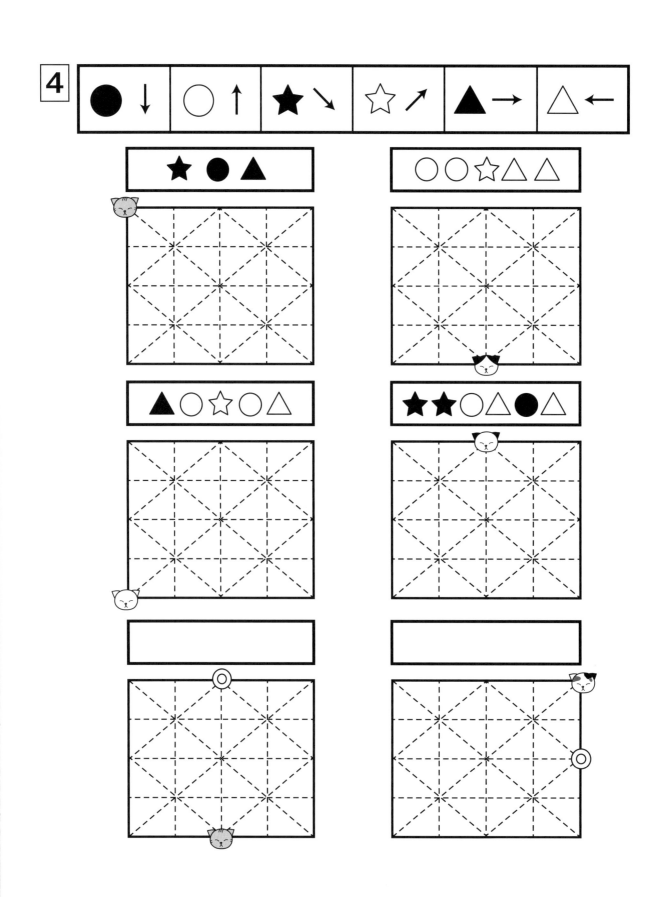

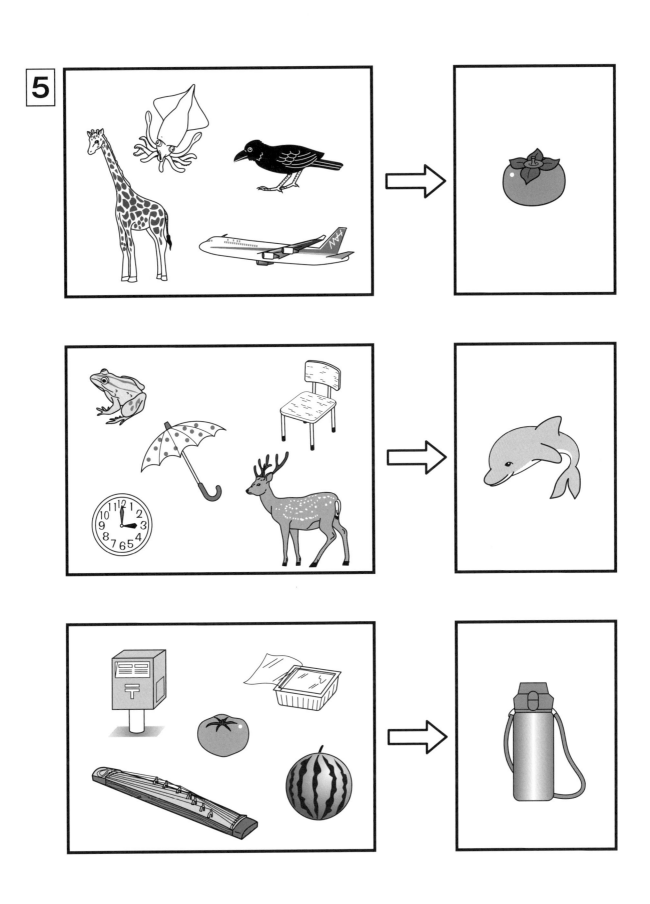

6

section 2020 光塩女子学院初等科入試問題

■ 選抜方法

考査は2日間で、1日目にペーパーテスト、集団テスト、運動テスト、2日目に親子面接を行う。所要時間は1日目が約2時間30分、2日目の面接は5～10分だが、受験番号によっては待ち時間が1時間前後になることもある。

考査：1日目

■ ペーパーテスト

筆記用具は鉛筆を使用し、訂正方法は＝（横2本線）。出題方法は口頭と音声。

1 話の記憶

「緑だった葉っぱが、赤や黄色に色づく季節になりました。ひかりちゃんは青い空に誘われて、お散歩に出かけました。『なんていいお天気。こんな日はいいことがありそう』。ひかりちゃんがうきうきしながら歩いていると、ウサギさんが横から飛び出してきました。『あらウサギさん、こんにちは。いいお天気だから、一緒にお散歩に行きましょう』。『駄目。今日はとっても忙しいの』。そう言うと、ウサギさんはピョンピョン跳んで行ってしまいました。また歩いていくと、今度はタヌキ君に会いまいした。ひかりちゃんが同じように声をかけると、『忙しいから、今日は駄目』と断られてしまいました。ひかりちゃんはだんだん悲しくなってきました。『まあ、いいか。葉っぱの色もきれいだし、今日は1人でお散歩しましょう』。しばらく歩くと、今度はキツネ君に会いました。『こんにちは。いいお天気だから、一緒にお散歩しない？』今度こそ一緒にお散歩しようと思ったひかりちゃんが言うと、また同じお返事です。『今日は忙しいから駄目』。『何だか今日は寂しいな』と、さすがにひかりちゃんは泣きたくなってきました。そこへ、リスさんがお手紙を持ってやって来ました。『何かしら？』と開けてみると、『明日は森へ来てね。サルより』と書いてありました。次の日にひかりちゃんが森へ行くと、ウサギさん、タヌキ君、キツネ君、サルさん、そしてリスさんとみんなが勢ぞろいしていました。『ハッピーバースデー、ひかりちゃん！』動物たちはとびきりの笑顔でひかりちゃんを迎えてくれました。『昨日はごめんね。ひかりちゃんに内緒でお誕生会の準備をしていたんだ。それで森のみんなは忙しかったの』。ウサギさんはそう言って、『わたしからのプレゼントよ』とケーキをくれました。『わあ、おいしそう！』『これは僕からね』と、タヌキ君は木の実を集めて作った写真立てをくれました。キツネ君はお花のネックレスをくれました。『みんな、ありがとう。これから寒くなるから、わたし、みんなにマフラーを編むね！』寂しかった昨日とはうっ

て変わって、本当に幸せな気持ちになったひかりちゃんでした」

・一番上の段です。お話の季節はいつでしたか、その絵に○をつけましょう。
・お話の中でひかりちゃんの顔はどのように変わりましたか。左から順番に正しく描いて
　ある四角に○をつけましょう。
・その下です。ひかりちゃんにお手紙を書いた動物に○をつけましょう。
・一番下の段の左です。ウサギさんからもらったものに○、キツネ君からもらったものに
　△をつけましょう。
・一番下の段の右です。プレゼントをもらったひかりちゃんがみんなにお礼にあげようと
　思ったものに○をつけましょう。

2 数　量

・絵の中にアヒルは何羽いますか。その数だけ下のアヒルの横の長四角に○をかきましょ
　う。
・ニワトリとアヒルは何羽違いますか。その数だけ下のニワトリとアヒルの横の長四角に
　○をかきましょう。
・それぞれのニワトリが３個ずつ卵を温めるとすると、卵は全部で何個温められますか。
　その数だけ卵１つの横の長四角に○をかきましょう。
・それぞれのニワトリが２個ずつ卵を産むと、卵は全部で何個になりますか。その数だけ
　卵２つの横の長四角に○をかきましょう。
・草の後ろにはそれぞれ２羽のヒヨコが隠れています。野原にはヒヨコは全部で何羽いま
　すか。その数だけヒヨコの横の長四角に○をかきましょう。

3 模　写

・上の四角です。上のお手本と同じになるように、矢印の下にかきましょう。右も左もや
　りましょう。
・下の四角です。（テレビモニターに手本が映し出される）映っているお手本と同じにな
　るようにかきましょう。

4 推理・思考（四方図）

・動物たちからは、積み木はどのように見えていますか。下のマス目の点線を使ってかき
　ましょう。

5 推理・思考（マジックボックス）

・上を見ましょう。ウサギを通ると形の真ん中の線が消え、ネコを通ると右に１回コトン
　と倒れ、ネズミを通ると中に同じ形が入るお約束です。では、下を見ましょう。左の形

がそれぞれの動物を通ると、最後にどのようになりますか。正しいものを右から選んで
○をつけましょう。

6 巧緻性

・点線をなぞりましょう。
・カタツムリの絵の黒い星からスタートします。黒い線にぶつからないように気をつけて、
ゴールの白い星まで線を引きましょう。

集団テスト | 体操服に着替える。脱いだ服はたたんで袋に入れ、机の横にかける。

🔲 生活習慣

塗りばし、赤、黄色、白の3色のサイコロ形ブロックが8個ずつ、ブロックを置く台紙が
用意されている。台紙にはブロックを置くための枠がかかれている。

・上の段には赤、真ん中の段には黄色、下の段には白いブロックを、台紙の枠にピッタリ
合うようにおはしでつまんで置きましょう。「始め」と言われてから始め、「やめ」と言
われたら途中でもおはしを置きましょう。

〈台紙〉

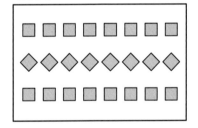

🔲 共同制作

4人ずつのグループに分かれて行う。グループごとにコアラのパズルと人数より少ない数
のクレヨン（12色）、スティックのり、模造紙が用意されている。みんなで相談しながら
パズルを完成させ、スティックのりで模造紙に貼る。最後に、すてきなコアラになるよう
にクレヨンで色を塗る。

🔲 ジャンケンゲーム

立ったままテスターと全員がジャンケンをする。負けたら座り、勝ちとあいこのときはそ
のままジャンケンを続ける。最後まで立っている人が勝ちとなる。

運動テスト

■ 片足バランス

その場で片足バランスをする。

■ 連続運動

スタートラインからコーンまで両足跳びで進む→フープの中にあるカラーボールを取り、コーン形のボール台に置く→手を5回たたく→コーンの上のボールをフープの中に戻す→両足跳びでスタートラインまで戻る。

考査：2日目

親 子 面 接

本 人

・お名前を教えてください。
・幼稚園（保育園）の名前を教えてください。
・仲よしのお友達の名前を教えてください。
・幼稚園（保育園）では何をして遊ぶのが楽しいですか。
・お母さん（お父さん）にはどのようなときにほめられますか（しかられますか）。
・お家では何をして遊ぶのが好きですか。
・今日ここへ来るときに、お家の方と何をお話ししてきましたか。
・お家ではどのようなお手伝いをしますか。

父 親

・志望理由を教えてください。
・お仕事について詳しくお聞かせください。
・最近、どのようなことでお子さんが成長したと思いましたか。
・普段、どのようにお子さんと接する時間をつくっていますか。
・お子さんの進学先として女子校を選んだ理由を教えてください。
・父親としてお子さんに伝えたいことは何ですか。

母 親

・お子さんの長所と短所を教えてください。

・子どもを持ってよかったと思うのはどのようなときですか。

・子育てをしていて困ったことはありますか。

・将来、お子さんにはどのような人になってほしいと思いますか。

・(仕事を持っている母親に対して)お仕事の内容を詳しくお聞かせください。緊急時に来校できますか。入学直後の送迎はどなたがなさいますか。

・お子さんときょうだいとのかかわりはいかがですか。

面接資料／アンケート

入学願書に以下のような記入項目がある。

・志願者の氏名、生年月日、現住所、電話番号、通学所要時間。

・志願者の出身幼稚園（保育園）および性格。

・保護者の氏名、続柄。

・家族・同居人（参考になると思われることは自由記入）。

・出願の理由その他。

・健康状態。

1

2

3 【お手本】

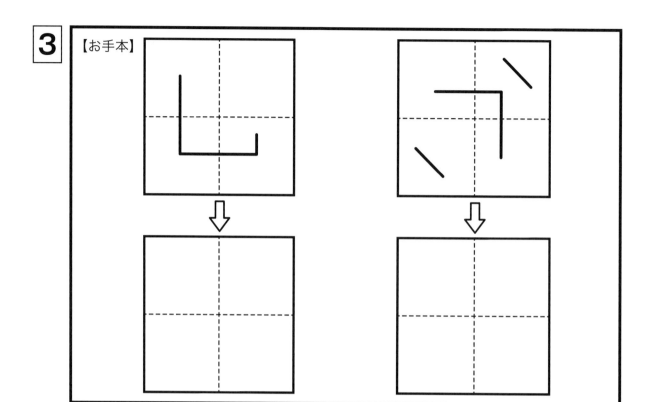

【テレビモニターに映し出されたお手本】

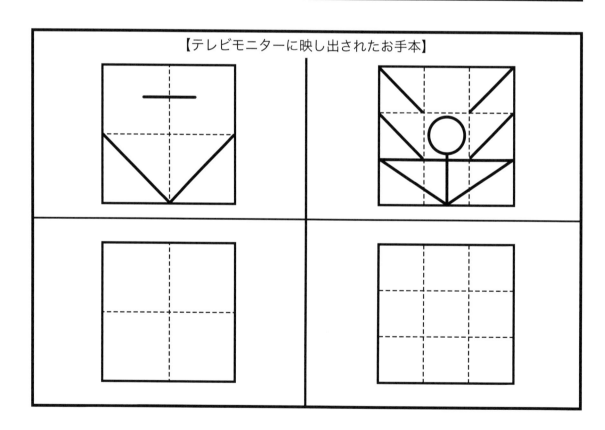

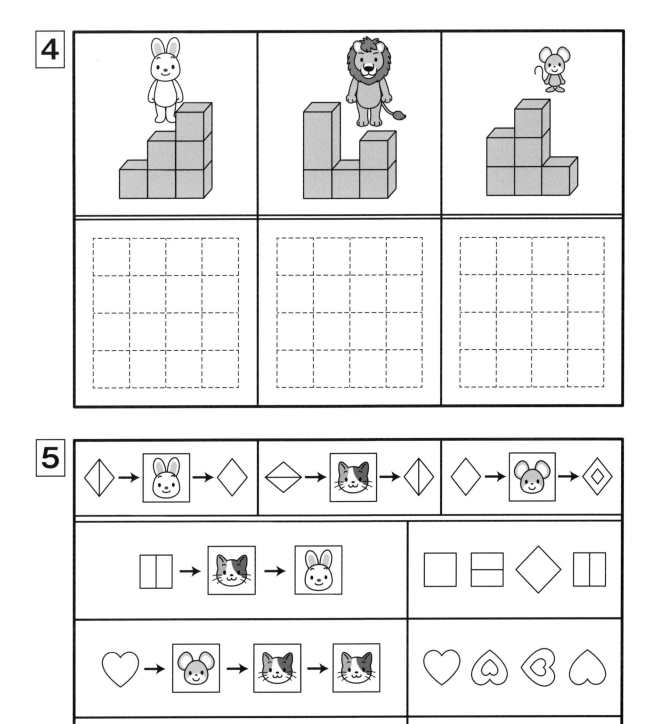

6

section 2019 光塩女子学院初等科入試問題

■ 選抜方法

考査は2日間で、1日目にペーパーテスト、集団テスト、運動テスト、2日目に親子面接を行う。所要時間は1日目が約2時間30分、2日目の面接は5〜10分だが、受験番号によっては待ち時間が1時間前後になることもある。

考査：1日目

┃ ペーパーテスト ┃ 筆記用具は鉛筆を使用し、訂正方法は ＝（横2本線）。問題のプリントはカラー。出題方法は口頭と音声。

1 話の記憶

※カラーで出題。絵の中の指示通りにウサギの目に色を塗ってから行ってください。

「きれいなまんまるのお月様が出ている夜のことでした。ひかるちゃんとお母さんは、窓から外を眺めながら『きれいなお月様ね。ススキが風に揺れているわ』と話していました。ひかるちゃんは、いつの間にか寝てしまいました。目を覚ますと、ひかるちゃんは月の世界にいるではありませんか。そこでは、目の赤いウサギと黒いフチの耳をしたウサギがペッタンペッタンとおもちつきをしていました。月の神様にお供えするおだんごを作っていたのです。でも何だか、困っている様子です。『こんばんは。ウサギさんたち、どうしたの』とひかるちゃんが聞くと、赤い目のウサギが『おだんごがおいしくなるように、いつもお月見のお花の蜜をつけるんだ。それなのに、意地悪なタヌキがお花を盗んでしまったんだ。お月見のお花は、遠くに住んでいる片方の耳が長いウサギさんが育てている特別なお花なんだよ』と言いました。ひかるちゃんは、『それなら、わたしが取りに行ってあげるわ』と言いました。『ありがとう、助かるよ。片方の耳が長いウサギさんのところまでの地図を描くね。途中の道には意地悪なタヌキがいるから、気をつけてね』。ひかるちゃんは、ウサギが描いた地図を持って出発しました。しばらく歩いていると、川に出ました。ところが、橋がないので渡れません。困っていると、魚釣りをしていたクマが『僕の背中に乗るといいよ』と言って、ひかるちゃんを背中に乗せて川を渡ってくれました。『クマさん、ありがとう。さようなら』。ひかるちゃんはまた歩き出しました。しばらく歩いていると、今度はサルに出会いました。サルは、切り株の上にドングリをたくさん並べていて、ひかるちゃんにドングリを分けてくれました。ひかるちゃんはサルにお礼を言って、歩き出しました。すると、今度は道が左右に分かれています。地図を見ても、どちらに行けばいいかよくわからなかったので、ひかるちゃんは側にいたキツネにたずねました。『キ

ツネさん、片方の耳が長いウサギさんのところに行きたいの。どの道を行けばいいのかしら』。するとキツネは『こっちの道だよ』と教えてくれました。ひかるちゃんは、ようやく片方の耳が長いウサギのところに着きました。そして、お月見のお花をもう一度分けてほしい理由をお話ししました。片方の耳が長いウサギはにっこり笑ってお花を分けてくれました。そのお花は、きれいなユリのお花だったのです。ひかるちゃんはお花を大事に抱えて、赤い目のウサギと黒いフチの耳のウサギのところに帰っていきました。ウサギたちは大喜びです。そのとき、『ひかるちゃん』とお母さんの声が聞こえて、目を覚ましました。ひかるちゃんは夢を見ていたのですね」

- 左上の四角です。お話の中で、ひかるちゃんとお母さんが窓から見ていた様子はどれですか。合う絵に○をつけましょう。
- 右上の四角です。おもちつきをしていた動物はどれですか。合う絵に○をつけましょう。
- 左下の四角です。ひかるちゃんがお花を取りに行く途中で出会った動物はどれですか。出会った順番に上から並んでいるものを選び、四角に○をかきましょう。
- 右下の四角です。ひかるちゃんが片方の耳が長いウサギからもらったものは何ですか。合う絵に○をつけましょう。

2 数 量

- 上のウサギが持っているニンジンは何本ですか。下のニンジンの横の四角に、その数だけ○をかきましょう。
- 上のクマはウサギのニンジンが欲しくなりました。自分が持っている魚1匹ずつを、ニンジン1本ずつと全部交換しました。クマがもらったニンジンは何本ですか。下のチューリップの横の四角に、その数だけ○をかきましょう。
- 上のキツネはリスのドングリが欲しくなりました。自分が持っているキノコ1つずつを、ドングリ2つずつと全部交換しました。リスのドングリはいくつになりましたか。下のチョウチョの横の四角に、その数だけ○をかきましょう。

3 推理・思考（変わり方）

- それぞれの段の形は、左から右へあるお約束で変わっていきます。どのように変わっていくかを考えて、空いている四角に形をかきましょう。

4 言 語

- 上の2段です。左の四角にある絵の最初の音をつなげると、どのような言葉になりますか。その言葉の絵を、それぞれ右から選んで○をつけましょう。
- 上から3段目です。左の四角にある絵の最後の音をつなげると、どのような言葉になりますか。その言葉の絵を右から選んで○をつけましょう。

・一番下の段です。左の四角にある絵の真ん中の音をつなげると、どのような言葉になりますか。その言葉の絵を右から選んで○をつけましょう。

5 推理・思考（四方図）

・左端のように置かれた積み木をいろいろな方向から見た絵が右に描いてあります。この中で、どこから見てもそのように見えないものを選んで○をつけましょう。

6 系列完成

・形が決まりよく並んでいます。空いているところに入る形をかきましょう。

7 点図形

・左側のお手本と同じになるように、右側にかきましょう。

集団テスト | 体操服に着替える。脱いだ服はたたんで机の上に置く。

共同絵画・発表力

5、6人のグループに分かれて行う。グループごとに机を囲んで立つ。机の上には悲しそうな顔をしたウサギが描かれたA3判の上質紙、クーピーペン1箱、スティックのり1本が用意されている。「ウサギが1匹で寂しそうです。お友達と相談して、ウサギが楽しくなるように遊ぶものやお友達を描きましょう」と指示されるので、グループの代表がテスターのところにある小さな紙（B6判くらいの大きさ）を人数分取りに行き、各自1枚ずつ描く。描き終わったら、ウサギの周りにスティックのりで貼る。その後、グループごとに前に出て発表し、ほかのグループは立ったまま発表を聞く。

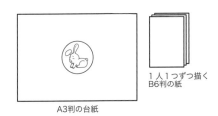

A3判の台紙

1人1つずつ描く
B6判の紙

ジャンケンゲーム

テスターと全員で、立ったままジャンケンをする。勝ちとあいこのときはそのままジャンケンを続け、負けたときはその場に座る。最後の2、3人になったら終了する。終了後、テスターの指示で全員立ち、何度かくり返す。勝ったらその場に座るなど、そのつどルールが変わる。

運動テスト

■ リレー

7、8人ずつのグループに分かれて行う。グループごとにリンゴ、バナナ、ブドウのチームになり、1列に並んで体操座りをして待つ。先頭の人は1歩右に進んで立ち、合図で走り始めて前方のコーンを回り戻ってくる。次の人にタッチをしたら列の最後尾に並び、体操座りをする。2番目の人からは前の人がスタートしたら1歩右に立って待ち、前の人とタッチをしたらスタートする。同様の指示で、ケンケンやスキップでコーンを回ってくる場合もある。

考査：2日目

親子面接

本人

- お名前を教えてください。
- 幼稚園（保育園）の名前を教えてください。
- 幼稚園（保育園）では何をして遊びますか（その遊びの中での役割を聞かれることもある）。
- 一番仲のよいお友達の名前を教えてください。
- お手伝いはしますか。どんなお手伝いですか。
- 好きな絵本は何ですか。いつ読みますか。
- 将来の夢は何ですか。どうしてですか。
- きょうだいでけんかはしますか。どうしてけんかをしますか。
- 昨日の試験は何が楽しかったですか。大変だったことは何ですか。

父親

- お仕事について教えてください。
- 奥さまとお子さんのかかわりについて、どう見ていますか。
- お子さんとどのようにかかわっていますか。
- ご家族で大切にしている時間は、どのような時間ですか。
- お子さんの幼稚園（保育園）の様子を、どのように聞いていますか。
- お子さんにはどのような女性に育ってほしいですか。

・（父親、母親の両方に対して）お子さんの教育に関してご夫婦の意見が異なるときにはどうしますか。

母 親

・お仕事について教えてください（専業主婦の場合、以前の職歴を聞かれることもある）。
・お仕事をしていて、お子さんが寂しいと感じていることはありませんか。
・子育てで大事にしていることは何ですか。
・ご主人とお子さんはどのようなところが似ていますか。
・幼稚園（保育園）ではどのようなお子さんだと言われていますか。
・お子さんのことで困ったことなどはありますか。
・お子さんはきょうだいとどのようにかかわっていますか。
・本校を選んだ理由を教えてください。

面接資料／アンケート　入学願書に以下のような記入項目がある。

・志願者の氏名、生年月日、現住所、電話番号、通学所要時間。
・志願者の出身幼稚園（保育園）および性格。
・保護者の氏名、続柄。
・家族・同居人（参考になると思われることは自由記入）。
・出願の理由その他。
・健康状態。

1

2

3

4

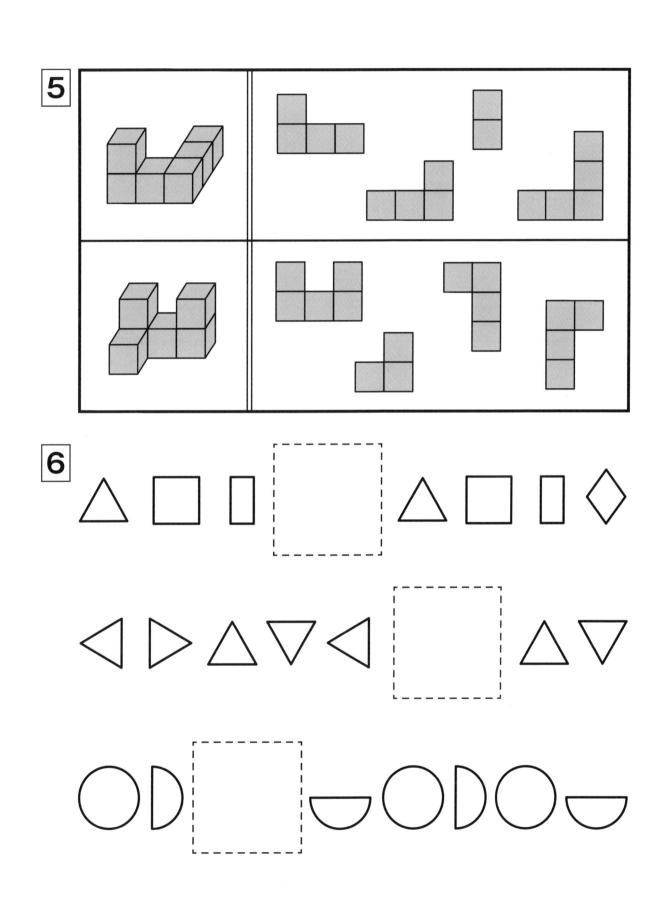

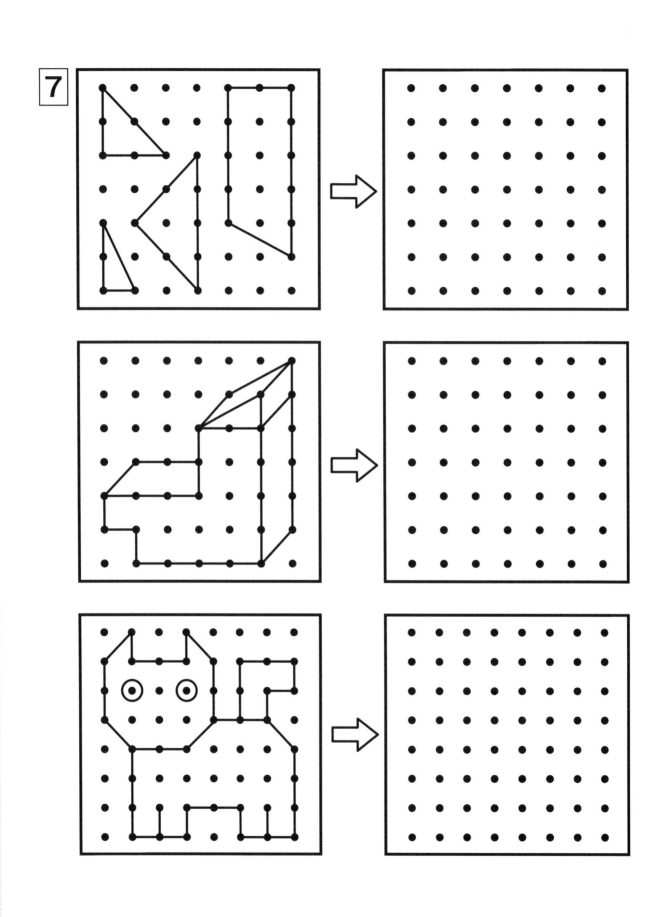

section
2018 光塩女子学院初等科入試問題

■ 選抜方法

考査は2日間で、1日目にペーパーテスト、集団テスト、運動テスト、2日目に親子面接を行う。所要時間は1日目が2時間～2時間30分、2日目の面接は5～10分だが、受験番号によっては待ち時間が1時間前後になることもある。

考査：1日目

■ ペーパーテスト | 筆記用具は鉛筆を使用し、訂正方法は＝（横2本線）。出題方法は口頭と音声。

1 話の記憶

「今日はとてもよいお天気です。『こんなに気持ちのよい日には、何かおいしいものが食べたいね』。『何を食べようか』と、森にすむ仲よしの動物たちは相談を始めました。『そうだ、ゾウさんのレストランに行こう』。リスさん、キリン君、サル君、ウサギさんはそろって歩き出しました。『歩いていたらおなかがすいてきたね』。『何を食べようかな』と今から楽しみにしています。しばらく行くと、ゾウさんのレストランが見えてきました。『いらっしゃい』。ゾウさんがみんなを出迎えてくれました。『おなかがペコペコなの。おいしいお料理を食べさせてね』と言って、みんなはメニューを見始めました。『わたしはハンバーガーにするわ』と、リスさんはさっそく決めました。『僕は野菜が好きだからサラダにするね』とキリン君。サル君は『うーん、何にしようかな……。どれもみんなおいしそうだなあ。よし、決めた！　お寿司にする！』と、やっと決まりました。左の耳先が黒いウサギさんが『わたしはスパゲティにするわ』と言って、みんなの注文が決まりました。しばらく待っていると、おいしそうなお料理が運ばれてきました。そのときです。『わぁ、おいしそう!!』と言って、パクリ！　サル君が、ハンバーガーをひと口で食べてしまいました。それを見たリスさんはびっくり。『わたしのハンバーガーなのに……』と、泣き出してしまいました。『ごめんなさい。あんまりおなかがすいていたので、つい……』と、サル君もしょんぼりしています。すると、『そうだ、みんなで注文したものを分け合おうよ』。いつもみんなのことを考えてくれる優しいキリン君が、よい提案をしてくれました。『そうだね、みんなで分けよう！』『リスさん、泣かないで。一緒に食べよう』。『サル君も、元気を出して！』動物たちは仲よくお料理を分け合って、おいしくいただいたそうですよ」

- ・一番上の段です。いつもみんなのことを考えてくれる優しい動物に○をつけましょう。
- ・2段目です。お話に出てきたウサギさんに○をつけましょう。
- ・3段目です。リスさんが注文したお料理を食べてしまった動物に○をつけましょう。
- ・4段目です。リスさんが食べられなかったお料理に○をつけましょう。
- ・一番下の段です。ウサギさんが注文したお料理に○をつけましょう。

2 数　量

- ・四角の中にバラは何本ありますか。その数だけバラの横のマス目に○をかきましょう。
- ・バラとユリの数は何本違いますか。その数だけバラとユリの横に○をかきましょう。
- ・左端の花瓶にバラ2本とユリ2本をそれぞれ入れたいのですが、全部の花瓶に入れるにはユリが足りません。ユリはあと何本あればよいですか。その数だけ花瓶の横に○をかきましょう。

3 数　量

テスターがタンバリンをたたいた数だけ、マス目に○をかく。
- ・「タンタタ、タンタタ、タンタン」
- ・「タタタタ、タンタン、タタタンタン」

4 推理・思考（四方図）

- ・真ん中にある積み木を、生き物たちがいろいろな方向から見ています。左上の四角の中の絵は、カタツムリから見た様子です。クマ、リス、ウサギからは、積み木はそれぞれどのように見えますか。正しい絵を下から選んで、それぞれ生き物の横にある印をつけましょう。

5 巧緻性

黄色の丸いシールが用意されている。
- ・左上のマス目から右側に向かって、順番にシールを貼っていきましょう。1段目が終わったら2段目、3段目というように、できるだけたくさん貼ってください。

6 推理・思考（変わり方）

- ・それぞれの段の絵は、左から右へ決まりよく変わっていきます。では、その続きはどうなるかを考えて、右端の絵に○をかきましょう。

7 言語（しりとり）

- ・左端から始めて右端まで、名前の2番目の音が次の名前の初めの音になるようにしりとりでつなぎます。それぞれの四角の中から合う絵を選んで○をつけましょう。

8 **点図形**

・左側のお手本と同じになるように、右側にかきましょう。

集団テスト ┃ 体操服に着替える。

■ ジャンケンゲーム

グループになってテスターとジャンケンをする。勝ったらそのままジャンケンを続け、負けやあいこのときは床に座る。続けて勝った人のいるグループは、テスターからお花をもらえる。

■ リズム・ダンス・行動観察

グループになって「ぞうさん」の音楽に合わせて踊る。一番上手にできたグループを相談して決める。そのグループはお花をもらえる。

■ 共同絵画

5人くらいのグループに分かれて行う。波線がかいてある模造紙、クレヨンがグループごとに用意されている。かいてある線を利用して、グループで協力して動物の絵を描く。まず初めに、何の動物を描くかを相談する。次に、1人ずつ順番に交替しながら決めた動物になるよう描き加えていく。最後に、全員で周りの様子などを描いて仕上げる。

運動テスト

■ ケンケン

四角い枠の中で「やめ」と言われるまでケンケンを続ける。

考査：2日目

親 子 面 接

本 人

・お名前、幼稚園（保育園）の名前を教えてください。
・外で遊びますか。どんな遊びが好きですか。

・男の子とも遊びますか。

・どんなお手伝いをしますか。

・お手伝いをすると、お家の方に何と言われますか。

・昨日のテストはできましたか。

父　親

・本校を知ったきっかけを教えてください。

・本校のどのような点がよいと思いましたか。

・お仕事の内容を差し支えない範囲でお話しください。

・ご家族で大切にしていることはどんなことですか。

・災害時の対策はどのように考えていますか。

・お子さんは奥さまの作るお料理で何が好きか知っていますか。

・女性の社会での活躍についてどのようにお考えですか。

母　親

・子育てで大切にしていることは何ですか。

・お仕事をされていますが、何かあったときにお迎えはできますか。

・お仕事をされていますが、学校行事への参加は大丈夫ですか。

・幼稚園の先生からお子さんはどのような評価を受けていますか。

・ご主人とお子さんの似ているところはどんなところですか。

・お子さんのよい点と直したい点についてお聞かせください。

・お子さんが言うことを聞かないときはどうしますか。

・今日のお子さんの様子はいかがですか。

面接資料／アンケート　入学願書に以下のような記入項目がある。

・志願者の氏名、生年月日、現住所、電話番号、通学所要時間。

・志願者の出身幼稚園（保育園）および性格。

・保護者の氏名、続柄。

・家族・同居人（参考になると思われることは自由記入）。

・出願の理由その他。

・健康状態。

1

2

3

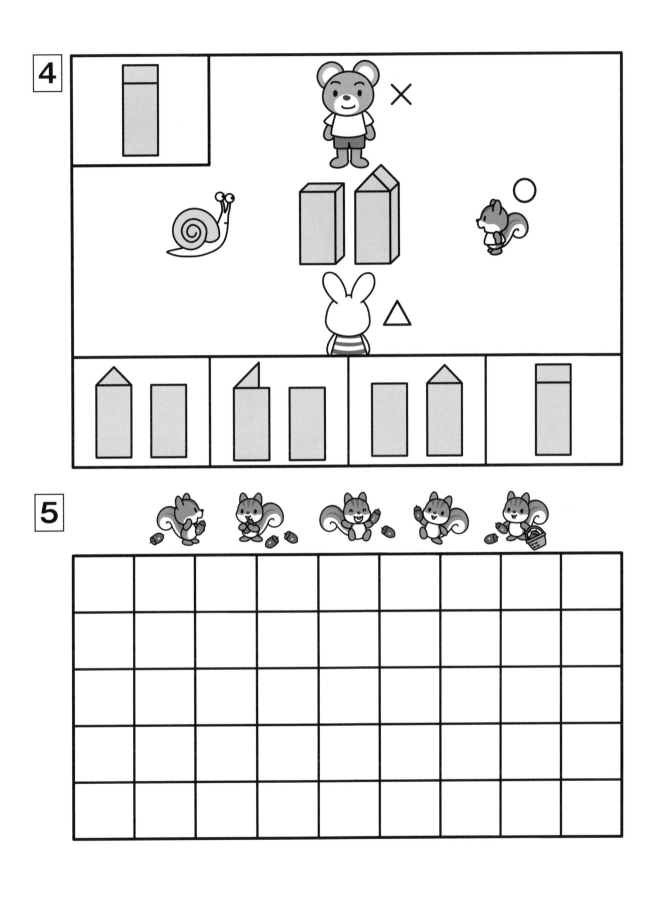

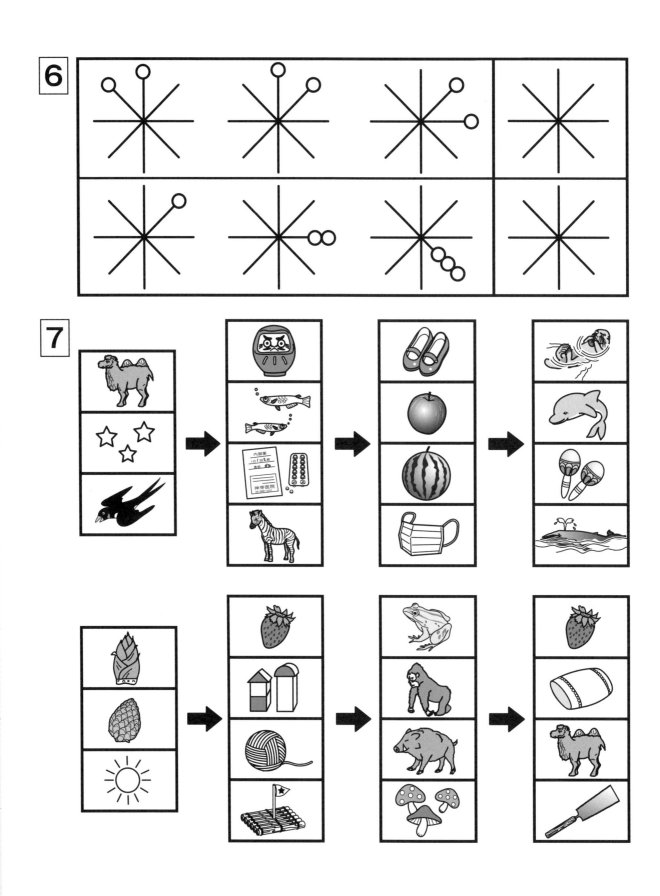

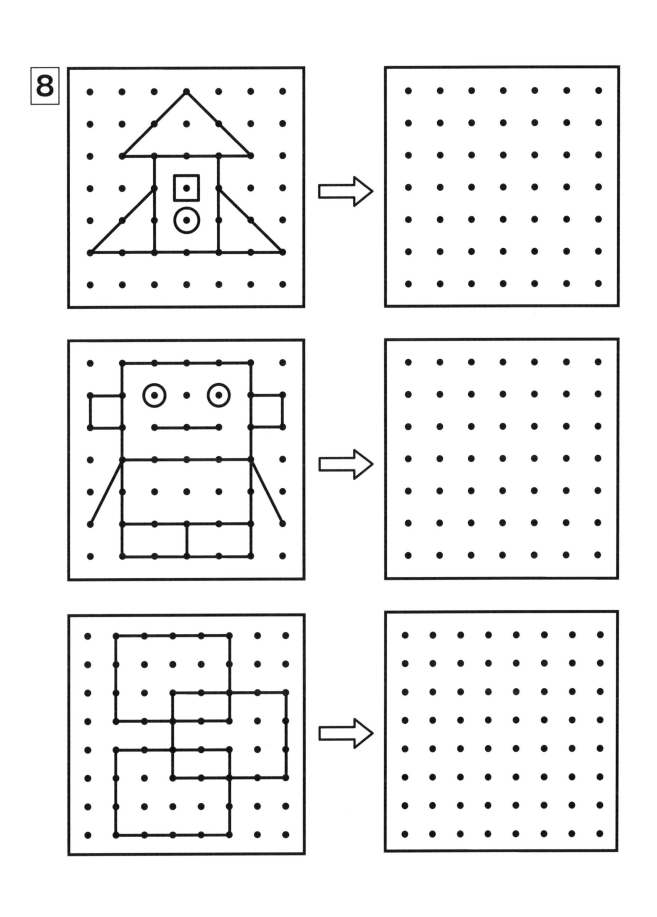

2017 光塩女子学院初等科入試問題

選抜方法

考査は2日間で、1日目にペーパーテスト、集団テスト、運動テスト、2日目に親子面接を行う。所要時間は1日目が2時間〜2時間30分、2日目の面接は5〜10分だが、受験番号によっては待ち時間が1時間前後になることもある。

考査：1日目

ペーパーテスト

筆記用具は鉛筆を使用し、訂正方法は＝（横2本線）。出題方法は口頭とCD。

1 話の記憶

「森に住んでいるひかりちゃんのところにウサギさんが遊びに来ました。ウサギさんはひかりちゃんの顔を見ると、『どうしたの？　元気がないわね』と言いました。ひかりちゃんが『お母さんからもらったお気に入りの帽子が、風に飛ばされちゃったの』と悲しそうな顔で言うと、ウサギさんは『そうだったの。でもだいじょうぶよ、森の中にあるお菓子屋さんのタヌキおばさんのところに行ってみて。願い事がかなう魔法のお菓子を売っているの。キツネ君はタヌキおばさんが作ったプリンを食べて、けんかをしていたリス君と仲直りができたのよ。魔法のお菓子を食べたら、ひかりちゃんの帽子もきっと見つかるわ』と言いました。ひかりちゃんは喜んで、さっそくタヌキおばさんのお店に向かいました。『川を下っていくと大きな木があって、確かその隣にある煙突のあるお家だと言っていたなあ。あっ、ここだわ』。ひかりちゃんが少し緊張しながらドアをコンコンとノックすると、ドアが開いてタヌキおばさんが笑顔で迎えてくれました。『いらっしゃい、遠くまで来てくれてありがとう。ウサギさんから聞いていますよ。今、クッキーが焼けますからね』と言って、タヌキおばさんはひかりちゃんを中に入れてくれました。ひかりちゃんが焼きあがったクッキーを食べていると、いいにおいに誘われて森にすむ動物たちがたくさんやってきました。『ケーキかな、チョコレートかな』と鼻をクンクンさせる動物たちの中に、サルさんがいました。サルさんは、お花が2つついた帽子をかぶっています。『あっ、それはわたしの帽子！』とひかりちゃんが大きな声で言うと、サルさんは『これは大きな木の近くに落ちていたのを拾ったんだよ。ひかりちゃんの帽子なの？』と聞きました。『うん、この間、風に飛ばされたの』とひかりちゃんが言うと、『よかった、じゃあひかりちゃんに返すね』と言ってサルさんは笑顔で帽子を渡してくれました。ひかりちゃんは『よかった。魔法のクッキーのおかげだわ』と思い、元気になりました」

・左上の段です。ひかりちゃんの帽子に○をつけましょう。

・右上の段です。けんかをしていた動物たちに○をつけましょう。

・左下の段です。タヌキおばさんのお家に○をつけましょう。

・右下の段です。何のにおいに誘われて動物たちは集まってきましたか。合う絵に○をつけましょう。

2 数 量

・上の段です。四角の中のドングリは全部で何個ですか。その数だけドングリの横のマス目に○をかきましょう。

・四角の中のドングリと葉っぱの数は、いくつ違いますか。その数だけ葉っぱの横のマス目に○をかきましょう。

・下の段です。森から6匹のキツネが遊びに来ました。キツネたちそれぞれに、上の四角の中の葉っぱを2枚ずつあげるには、あと何枚あればよいですか。その数だけ葉っぱの横のマス目に○をかきましょう。

3 言 語

・一番上の段です。（左から2番目の絵を指さして）これは「しんぶんし」です。（右端の絵を指さして）これは「きいろいき」です。では、上から読んでも下から読んでも同じになるものはどれですか。四角の中から選んで○をつけましょう。

・2番目の段です。左上の二重丸の中の絵から始めてできるだけ長くなるようにしりとりでつないだとき、つながらないものに×をつけましょう。

・一番下の段です。左上の二重三角の中の絵から始めて、できるだけ長くしりとりでつながるように絵を線で結びましょう。また、最後になる絵には×をつけましょう。

4 推理・思考（変わり方）

・左側にかいてある絵が、あるお約束で右側にかいてあるように変わります。どのようなお約束で変わるかを考えて、それぞれの下の右側にかきましょう。

5 推理・思考（重さ比べ）

・上の3つのシーソーを見て、一番重いものに○をつけましょう。印は下の絵につけてください。

6 推理・思考（四方図）

・左のお手本を見たとき、どの向きから見てもそのように見えないものに○をつけましょう。

7 点図形

・左側のお手本と同じになるように、右側にかきましょう。

集団テスト

体操服に着替える。脱いだ服はたたんで袋の上に置く。

■ 集団ゲーム（ボール送り）

5、6人のグループに分かれて行う。グループごとに縦1列に並び、先頭の人から後ろの人にボールを送る。一番後ろの人はボールを受け取ったらボールを持ったまま走ってコーンを回り、列の先頭に戻ってまた後ろの人にボールを送る。これをくり返す。最初に先頭だった人が一番後ろでボールを受け取り、ボールを持ったままコーンまで走ってコーン形のボール台にボールを置き、戻ってまた列の先頭に並んだら終了。一番早く終わったチームの勝ち。

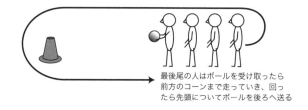

最後尾の人はボールを受け取ったら
前方のコーンまで走っていき、回っ
たら先頭についてボールを後ろへ送る

■ ジャンケンゲーム

テスターとジャンケンをする。負けたときやあいこのときは床に座る。勝ったらそのままジャンケンを続ける。最初はしゃがんだ卵のポーズをしながらジャンケンし、勝つごとにヒヨコ（しゃがんだまま手のひらを横に伸ばす）、ニワトリ（立って腕を羽のように後ろにそらして伸ばす）、人間（普通に立つ）とポーズを変えていくというお約束がある。

■ 言　語

テスターが質問をする。

・グループで遊ぶときにみんなはかけっこがしたいと言いましたが、あなたはお絵描きがしたいです。そのときどうしますか。
・絵を描いていてもうすぐできあがるとき、お友達がいたずらがきをしてしまいました。あなたはどうしますか。

運動テスト

■ 模倣体操

ひざの曲げ伸ばしをする。

📑 片足バランス

・目を開けたまま片足バランスをする。
・目を閉じて片足バランスをする。

📑 ケンケン

1人ずつ四角の中に立ち、「やめ」と言われるまでその場でケンケンをする。

📑 ジャンプ

1人ずつ四角の中に立ち、その場でグーパージャンプをする。

考査：2日目

親 子 面 接

本 人

・お名前、誕生日を教えてください。
・今日ここに来るときに、お父さんやお母さんとどのような話をしましたか。
・幼稚園（保育園）では何をして遊ぶのが好きですか。男の子とは遊びますか。
・幼稚園（保育園）ではやっていることはどのようなことですか。
・普段お父さんと、どのようなことをして遊びますか。好きな遊びは何ですか。
・お母さんの作るお料理で好きなものは何ですか。
・お家ではどのようなお手伝いをしていますか。
・お母さんにどのようなときにほめられたり、しかられたりしますか。
・好きな絵本は何ですか。その本のどのようなところが面白いですか。

父 親

・お仕事の内容を詳しくお聞かせください。
・忙しい中でお子さんとどのようにかかわっていますか。
・カトリックの女子校に望むことはどのようなことですか。
・職場における女性の役割についてどのようにお考えですか。
・社会における女性の活躍についてどのようにお考えですか。

母 親

・お仕事の内容を詳しくお聞かせください。

・お仕事とご家庭のバランスはどのような感じですか。

・お仕事をお持ちですが、急な呼び出しに対応できますか。

・お母さまがお仕事を持っていることをお子さんはどのように思っているとお考えですか。お子さんは寂しいと感じてはいませんか。

・将来、お子さんが仕事をするにあたりどのようになってほしいですか。

・ご自身が「これだけは譲れない」と思うものは何ですか。

面接資料／アンケート　入学願書に以下のような記入項目がある。

・志願者の氏名、生年月日、現住所、電話番号、通学所要時間。

・志願者の出身幼稚園（保育園）および性格。

・保護者の氏名、続柄。

・家族・同居人（参考になると思われることは自由記入）。

・出願の理由その他。

・健康状態。

1

2

3

4

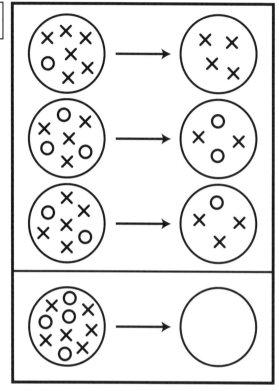

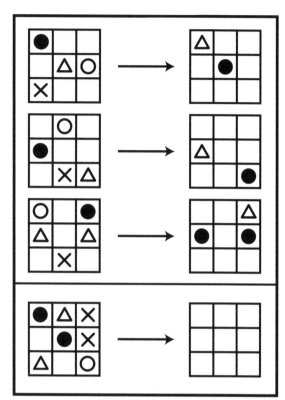

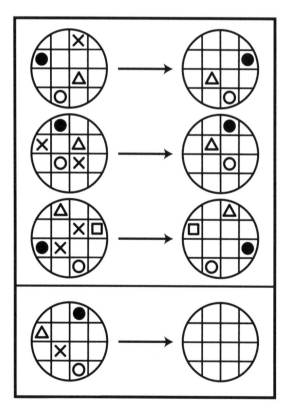

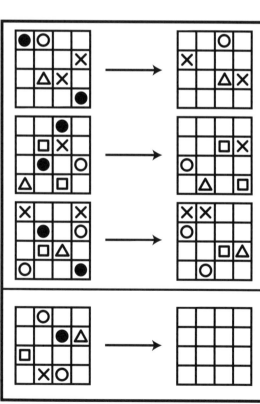

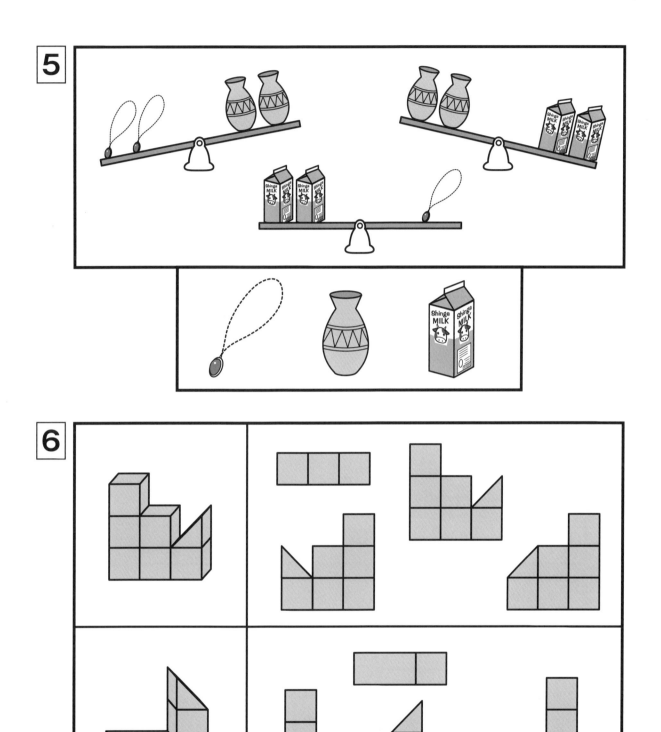

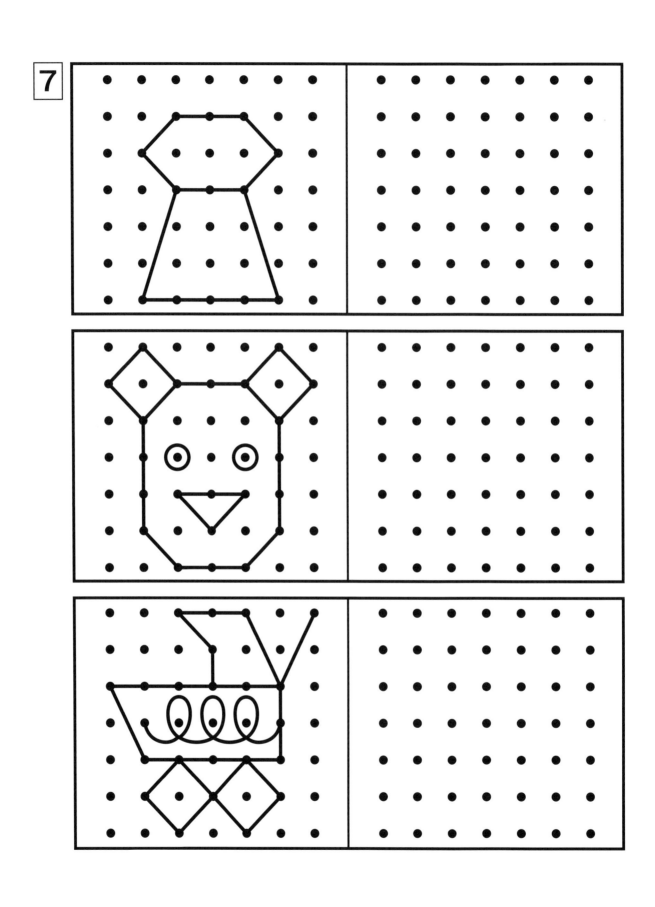

section 2016 光塩女子学院初等科入試問題

■ 選抜方法

考査は2日間で、1日目にペーパーテスト、集団テスト、運動テスト、2日目に親子面接を行う。所要時間は1日目が2時間～2時間30分、2日目の面接は5～10分だが、受験番号によっては待ち時間が1時間前後になることもある。

考査：1日目

┃ ペーパーテスト ┃ 筆記用具は鉛筆を使用し、訂正方法は＝(横2本線)。出題方法は口頭とCD。

1 話の記憶

「あるところに空を見上げるのが大好きな女の子がいました。『どうしたらあのお空に行けるのかしら』と毎日空を見てはつぶやいていました。そんなある日、ツバメが女の子を迎えに来ました。ツバメに乗った女の子はいろいろな国に行きました。最初に行った国はお菓子の国でした。『よく来たね』とお菓子の精の出迎えを受け、そこでクッキーを食べました。次に行ったのはお花の国です。辺り一面にきれいなお花が咲いています。『なんてきれいなの。そうだ！　お母さんの好きなユリの花を摘みましょう。あそこにあるわ！』ユリの花を見つけると、女の子は摘んでお母さんへのお土産にしました。次に行ったのは冬の国でした。真っ白な雪が積もっていました。『大きな雪ダルマを作りましょう』。女の子は大きな雪の玉と、それよりも少し小さな雪の玉を作り、かわいい雪ダルマができました。『そうだ、これをお家に持って帰ろう』。あんまりかわいくできたので持って帰ろうとすると、ツバメが『だめだめ、外の国に持っていくと溶けちゃうよ』と言いました。残念に思った女の子ですが、今度はおもちゃの国に行きました。そこでは妹が大好きな塗り絵をお土産にもらいました。『今度はどこの国に行こうかな』と考えていたそのときです。『こんなところで寝ていたら風邪を引きますよ』とお母さんの声が聞こえました。『なーんだ、夢か……』。女の子は夢を見ていたのです。夢の中のすてきなお散歩。『また行きたいな』と女の子は思いました」

・リンゴの段です。女の子は何に乗って空の散歩に行きましたか。合う絵に○をつけましょう。

・サクランボの段です。女の子が行った国の順番が正しく描いてある段に、○をかきましょう。

・ブドウの段です。女の子がいろいろな国からお母さんに持って帰ったものに○、妹に持って帰ったものに△をつけましょう。

2 数　量

・上の四角の中のリンゴは全部で何個ですか。その数だけ、リンゴの横の長四角に○をかきましょう。
・上の四角の中のリンゴとバナナはどちらが多いですか。多い方に○をつけ、多い数だけ絵の横の長四角に○をかきましょう。
・上の四角の中のバナナを3人で分けると1人分は何本ですか。その数だけ、バナナの横の長四角に○をかきましょう。

3 推理・思考（四方図）

・上の四角の中の積み木を、カタツムリ、小鳥、カエルのそれぞれのところから見るとどのように見えますか。下から見えると思う絵を選んで、それぞれの印をつけましょう。

4 推理・思考（マジックボックス）

・上のお手本を見ましょう。左に描いてあるお家やてるてる坊主がネコのお家、ネズミのお家を通ると、それぞれ矢印の右のようになります。どのようなお約束か自分で考えて、下の絵がネコやネズミのお家を通った後どうなるか、正しいものを右から選んで○をつけましょう。

5 言語（しりとり）

・左の四角の中に描いてある4つの絵をしりとりでつないだ後、次につながるものを右から選んで○をつけましょう。○をつけたら点線をなぞって線で結んでください。

6 推理・思考（対称図形）

・左のように折った折り紙の、黒いところを切り取って開くとどのようになりますか。正しいものを右から選んで○をつけましょう。

🔲 指示の理解・巧緻性

A4判の紙を渡される。
・鉛筆で○を3個、△を2個、□を5個かきましょう。大きさも位置も自由です。

🔲 絵画（創造画）

A4判の紙を渡される。
・好きな大きさの○と△をかいて、○と△だけを使った好きな絵を描きましょう。

集団テスト

集団ゲーム（ドンジャンケン）

白い線の上に立ってゲームの説明を聞いた後、グループに分かれ、チーム名を相談して決める。決まったら白いラインを進み、グループ対抗でドンジャンケンをする。

共同絵画

各グループに紙1枚とクーピーペンが用意されている。お友達と相談して、好きな絵を描く（ドンジャンケンの際に決めたチーム名の絵を描くよう指示されたグループもある）。

集団ゲーム（花いちもんめ）

2グループ対抗で花いちもんめをする。

自由遊び

自分たちで相談して好きに遊ぶ。

言　語

テスターが質問をする。
・どこから来ましたか。
・お手伝いは何をしていますか。
・オーケストラが演奏している曲を聴いた後、挙手をして感想を発表する。

運動テスト

ジャンプ

1人ずつ四角の中に立ち、その場でジャンプをする。

片足バランス

目を閉じて、左足または右足で片足バランスをする。

考査：2日目

親 子 面 接

本 人

- お名前、年齢、幼稚園（保育園）の名前を教えてください。
- 幼稚園（保育園）では何をして遊んでいますか。
- 昨日の遊び（考査）で楽しかったことは何ですか。
- あなたの宝物は何ですか。

父 親

- お仕事の内容をお聞かせください。
- 仕事の場など、社会における女性の在り方についてどう思われますか。
- 普段お子さんとはどのようにかかわっていますか。
- お子さんの教育において、大切にしていることは何ですか。

母 親

- 子育てで大変なこと、気をつけていることは何ですか。
- （フルタイム勤務の場合）いつ、お子さんと接していますか。
- （願書に）お子さんは「思慮深い」と書いてありましたが、どのようなところが思慮深いか、具体的にお話しください。
- お子さんにカトリック教育を受けさせることについて、何かご意見はありますか。
- お仕事と学校の用事とのバランスは、どのようにしていきますか。
- どうして保育園に通わせているのですか。
- お子さんのよいところ、直した方がよいところをお話しください。

面接資料／アンケート　　入学願書に以下のような記入項目がある。

- 志願者の氏名、生年月日、現住所、電話番号、通学所要時間。
- 志願者の出身幼稚園（保育園）および性格。
- 保護者の氏名、続柄。
- 家族・同居人（参考になると思われることは自由記入）。
- 出願の理由その他。
- 健康状態。

1

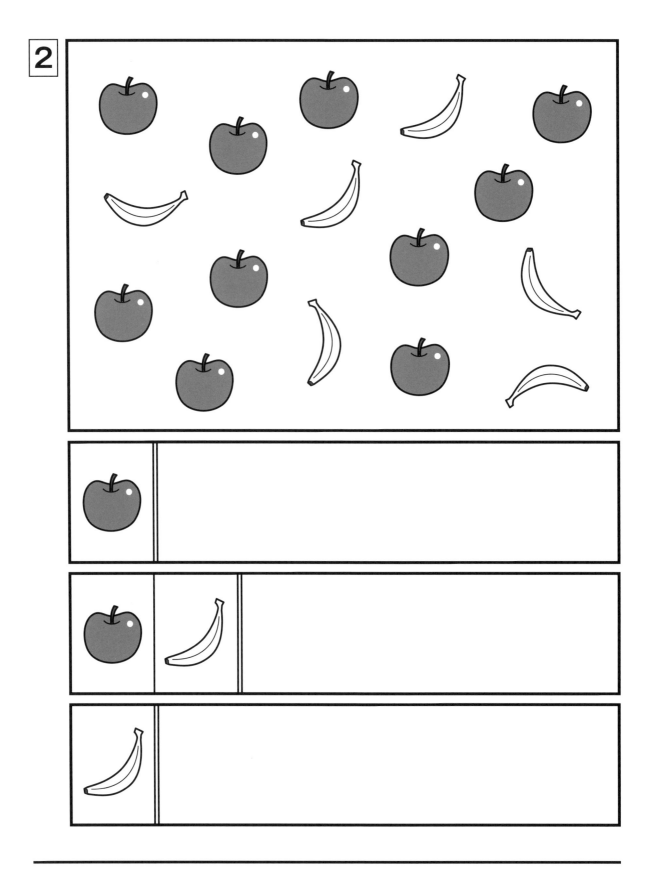

3

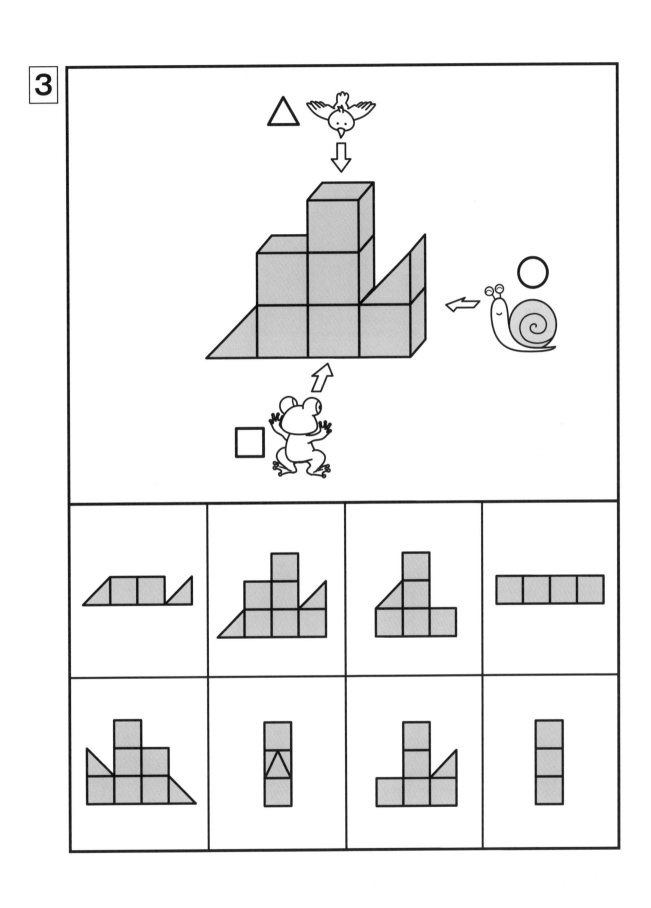

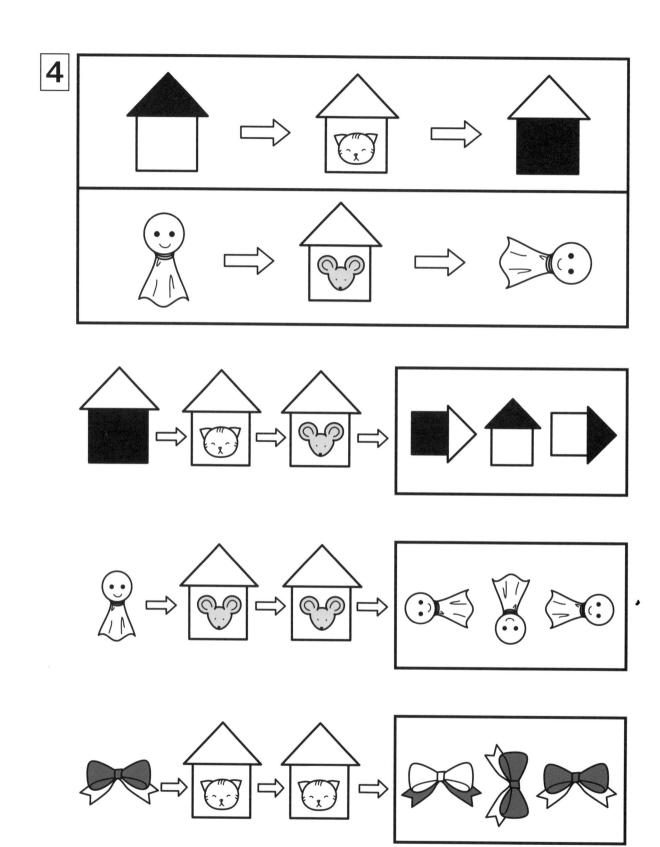

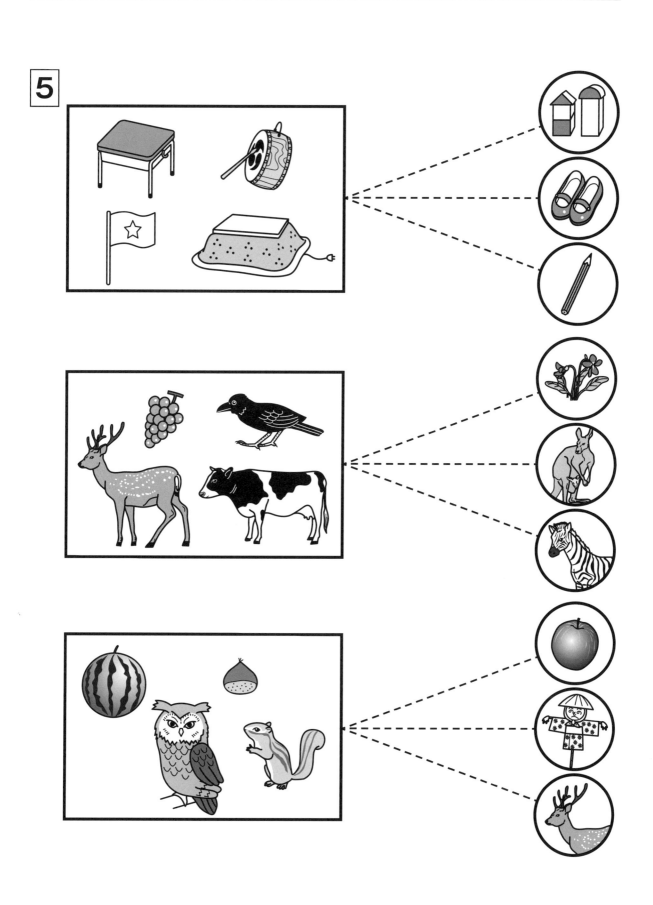

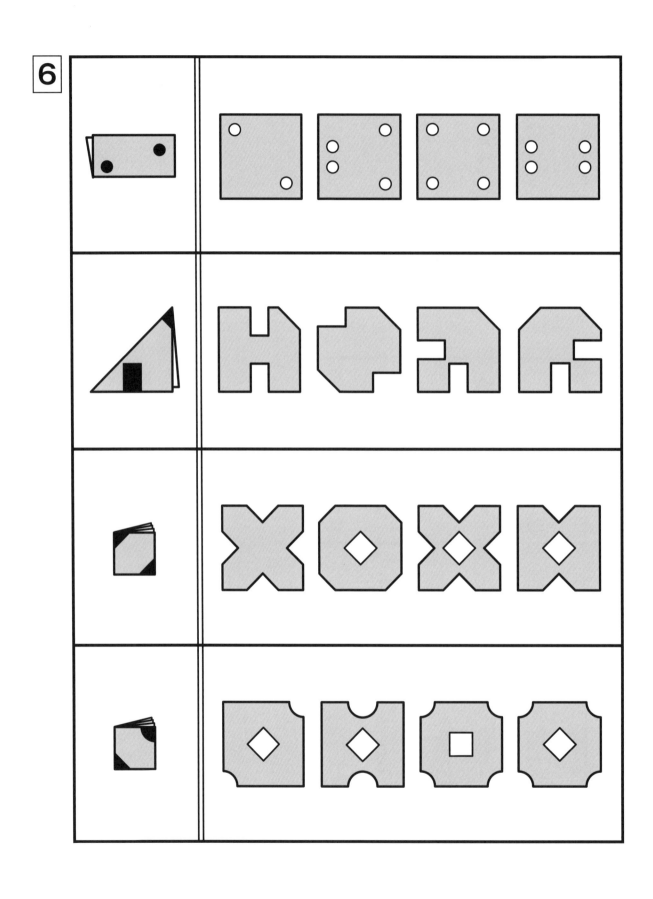

2015 光塩女子学院初等科入試問題

■ 選抜方法

考査は2日間で、1日目にペーパーテスト、集団テスト、運動テスト、2日目に親子面接を行う。所要時間は1日目が2時間～2時間30分、2日目の面接は約5分だが、受験番号によっては待ち時間が1時間くらいになることもある。

考査：1日目

■ ペーパーテスト | 筆記用具は鉛筆を使用し、訂正方法は＝（横2本線）。出題方法は口頭とCD。

1 話の記憶

「ななちゃんと妹のえりちゃんは仲よしのきょうだいです。ななちゃんはお花の模様のTシャツ、えりちゃんはお星様の模様のTシャツを着ています。2人は一緒に遊ぼうと、おもちゃ箱のところにやって来ました。ななちゃんのおもちゃ箱にはクレヨンが入っています。ななちゃんは、お絵描きをしようと思ってクレヨンを探しました。すると、いつもあるはずのクレヨンがありません。『おかしいな』と思っていたら、突然、魔法のクレヨンがおもちゃ箱から飛び出してきました。ななちゃんはびっくりしてしまいましたが、えりちゃんは面白くて笑っていました。その魔法のクレヨンはとても不思議で、クレヨンで描いたものは本物になってしまうのです。ななちゃんとえりちゃんは絵を描くことにしました。ななちゃんが何を描こうかと迷っているうちに、えりちゃんはささっとクマのぬいぐるみの絵を描きました。するとその絵は本物のぬいぐるみになって出てきました。その様子を見ていたななちゃんは『思いついた！』と言って、今度お祭りに行くので、そのときに着たい浴衣を描くことにしました。アサガオの模様のついた浴衣を描くと、なんとその通りの本物の浴衣が出てきました。ななちゃんは今度のお祭りがとても楽しみになりました」

・上の2段です。おもちゃ箱から魔法のクレヨンが飛び出してきたとき、ななちゃんとえりちゃんの顔はどのような様子でしたか。上の段からななちゃんの顔を選んで○、下の段からえりちゃんの顔を選んで△をつけましょう。

・真ん中の段です。ななちゃんのTシャツに○、えりちゃんのTシャツに△をつけましょう。

・下の段です。ななちゃんが描いたものに○、えりちゃんが描いたものに△をつけましょ

う。

2 数 量

- ・上の四角の中のプチトマトは全部で何個ですか。その数だけ下の1段目の四角に○をかきましょう。
- ・上の四角の中のおにぎりを2人で半分ずつ分けたら1人いくつ食べられますか。その数だけ下の2段目の四角に○をかきましょう。
- ・上の四角の中に描いてあるものを、下の3段目の左の絵のようにお弁当箱に入れました。四角の中のもので同じお弁当はいくつできますか。その数だけ3段目の四角に○をかきましょう。

3 推理・思考（四方図）

- ・上の2段です。机の上の積み木をクマの方から見るとどのように見えますか。下から選んで○をつけましょう。
- ・下の2段です。左側と右側の机の上には同じ積み木が載っています。左側の積み木を矢印の方向から見たときと同じように見えるのは、右側の机のどの場所から見たときでしょうか。その場所にある丸に×をつけましょう。2段ともやりましょう。

4 言語（しりとり）

- ・左の四角の中の絵を全部しりとりでつないだ後、しりとりの続きをするには、右の四角から何を選べばよいですか。選んで○をつけましょう。

5 推理・思考（変わり方）

- ・上がお約束です。どのようなお約束かを考えて、下の四角の矢印の隣に入る形をかきましょう。

6 推理・思考（重さ比べ）

- ・左側のシーソーの様子を見て、右の四角の絵の中の一番重いものに○、一番軽いものに×をつけましょう。

7 巧緻性

クーピーペンが用意されている。

- ・丸のマス目はピンクに、バツのマス目は赤に、三角のマス目は黄緑にクーピーペンで塗りましょう。丁寧でなくてもよいので、素早くやりましょう。

集団テスト

言 語

テスターが全員に向かって質問をし、答えられる人は起立する。テスターが近くにやって来るのでお話しする。

・好きなお花は何ですか。
・どんな色のお花があったらよいと思いますか。
・今、頑張っていることは何ですか。どのように頑張っているのですか。

行動観察

1グループ5、6人の3つのグループに分かれ、グループごとにかかしのまね（片足バランス）をする。どのグループが長くできるか競争し、勝ったチームから順に、美容院、八百屋、レストランの3種類から選んでお店屋さんごっこを行う。グループ内で店員とお客さんの役を決めて遊ぶ。最後に「みんなで協力してお片づけしましょう」とテスターから指示がある。

ジャンケンゲーム

全員が立って、テスターとジャンケンをする。勝った人は立ったままジャンケンを続ける。負けたときやあいこのときは床に座る。最後まで残った人がチャンピオンとなる。

運動テスト

片足バランス

目を閉じて片足バランスをする。

ジャンプ

その場でジャンプを10回行う。

グーパー

その場でグーパーを行う。

考査：2日目

親 子 面 接

本 人

・お名前と幼稚園（保育園）の名前を教えてください。
・幼稚園（保育園）の先生の名前、先生の特徴、お友達の名前を教えてください。
・幼稚園（保育園）ではどんな遊びをしますか。けんかになるときはありますか。
・嫌いな食べ物が出たときはどうしていますか。
・（きょうだいがいる場合）お姉さんとは仲よしですか。
・（きょうだいがいる場合）妹さんはかわいいですか。
・大きくなったら何になりたいですか。それはどうしてですか。

父 親

・本校に求めることは何ですか。
・仕事についてお聞かせください。
・しつけで気に留めていることはどのようなことですか。
・お子さんが成長したと思うのはどのようなことですか。
・最近の出来事でお子さんの成長を感じたことはありますか。
・父親としてお子さんに何を伝えていきたいですか。
・お仕事が忙しいとは思いますが、どのようにお子さんとかかわっていますか。

母 親

・お子さんのしつけでどのようなことが大切だと考えていますか。
・お子さんをどのようなときにほめますか。
・お子さんを持って変わったことはどのようなことですか。
・（きょうだいがいない場合）ひとりっ子の育て方で何か気をつけていることはありますか。
・幼稚園（保育園）の先生から、どのようなお子さんだと言われますか。
・地域のお友達とは親しくしていますか。
・（仕事をしている場合）外で仕事をしていることを通じてお子さんに伝えていきたいことはありますか。
・幼稚園（保育園）の送迎はどのようにしていますか。

面接資料／アンケート　　入学願書に以下のような記入項目がある。

・志願者の氏名、生年月日、現住所、電話番号、通学所要時間。

・志願者の出身幼稚園（保育園）および性格。

・保護者の氏名、続柄。

・家族・同居人（参考になると思われることは自由記入）。

・出願の理由その他。

・健康状態。

1

2

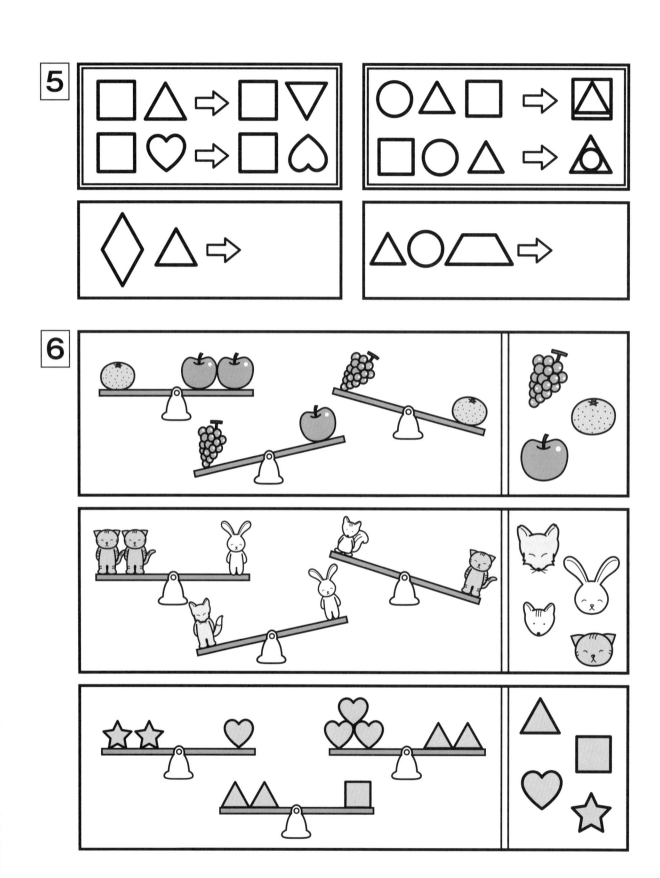

7

○	○	○	○	○	○	○	○	○	○	○
○	×	○	×	○	×	○	×	○	×	○
×	×	×	×	×	×	×	×	×	×	×
○	×	×	×	×	×	×	×	×	×	○
○	○	×	×	×	×	×	×	×	○	○
○	○	○	×	×	×	×	×	○	○	○
○	○	○	○	×	×	×	○	○	○	○
○	△	△	○	○	×	○	○	△	△	○
○	○	△	△	○	△	○	△	△	○	○
○	○	○	△	△	△	△	△	○	○	○
○	○	○	○	△	△	△	○	○	○	○
○	○	○	○	○	△	○	○	○	○	○
○	○	○	○	○	△	○	○	○	○	○

^{section}
2014 光塩女子学院初等科入試問題

■ 選抜方法

考査は2日間で、1日目にペーパーテスト、集団テスト、運動テスト、2日目に親子面接を行う。所要時間は1日目が2時間～2時間30分、2日目の面接は約5分だが、受験番号によっては待ち時間が1時間前後になることもある。

考査：1日目

┃ ペーパーテスト ┃ 筆記用具は鉛筆を使用し、訂正方法は ＝（横2本線）。出題方法はCD。

1 話の記憶

「あおいちゃんは、お母さんからウサギの絵の描いてあるバッグを借りて、森へドングリ拾いに出かけました。森に向かって歩いていると、『エーン』と下の方から泣き声が聞こえます。なんと、いたずらキツネさんが穴を掘って、その中にリスさんが落ちてしまったのです。リスさんはけがをして泣いています。あおいちゃんは『大変！ すぐに助けなくちゃ』と大急ぎでリスさんを穴から助けてあげました。あおいちゃんは森の奥の赤い実を1個食べるとけがや病気が治ると聞いたことを思い出しました。『今、赤い実を採ってくるから待っていてね』とリスさんに言って森の広場へと向かいました。歩いていくと分かれ道があって、どちらに行ったらよいのか、あおいちゃんはわかりません。すると、タヌキさんがやって来て、『右の方の道に行って、コスモス畑に沿って真っすぐ行くと、赤い実の木があるよ』と教えてくれました。赤い実の木の前に着くと、とんがり三角帽子をかぶった怖い顔のおばあさんがつえをついて立っていました。あおいちゃんは勇気を出して『こんにちは。けがをしたリスさんに赤い実を持っていってあげたいの』と言うと、おばあさんは6枚のカードを出し『わたしの好きな食べ物をこの中から当ててごらん。2つの同じ音が入っている食べ物がヒントだよ』とクイズを出しました。あおいちゃんは『わかったわ』と言って、トマトとバナナのカードを取りました。おばあさんは『正解。早くリスさんに赤い実を持っていってあげなさい』と言って赤い実をくれました。あおいちゃんはニッコリと笑ってお礼を言って帰りました」

- ・1段目です。あおいちゃんが拾いに行ったものに○をつけましょう。
- ・2段目です。あおいちゃんの持っていたバッグに○をつけましょう。
- ・3段目です。道を教えてくれた動物に○をつけましょう。けがをした動物には△をつけ

ましょう。

- 4段目です。お話に出てきたおばあさんに合う絵に○をつけましょう。
- 5段目です。あおいちゃんの選んだカードに○をつけましょう。

2 数 量

- 上の絵の中にリスは何匹いますか。その数だけリスの横のマス目に○をかきましょう。
- 1本の木に鳥が2羽ずつ止まります。絵の中の鳥が全部止まるには木は何本あればよいですか。その数だけ鳥の横のマス目に○をかきましょう。
- 1本の木にトンボが2匹ずつ止まると、木に止まれないトンボは何匹ですか。その数だけトンボの横のマス目に○をかきましょう。

3 数量（すごろく）

- ネコ、ウサギ、コアラがすごろく遊びをします。雪ダルマのあるお家がゴールです。マス目の中のハートのところに止まると1つ進めます。では右のようにそれぞれの動物たちがサイコロの目を左から順番に出したときネコはどこにいるか、○をかきましょう。
- ウサギは3回目に星のところまで進みました。いくつの目を出したでしょうか。ウサギの段の空いている四角にサイコロの目をかきましょう。
- コアラは3回目でちょうどピッタリゴールしました。いくつの目を出したでしょうか。コアラの段の空いている四角にサイコロの目をかきましょう。

4 常識（仲間分け）

- 1段目です。仲よしでないものに○をつけましょう。
- 2段目です。トランプの印でないものに×をつけましょう。
- 3段目です。卵で産まれないものに△をつけましょう。

5 話の理解

- お父さんとお母さんがジャンケンをすると、お父さんが勝ちました。女の子とお父さんがジャンケンをすると、女の子が勝ちました。女の子とお母さんがジャンケンをすると女の子が勝ちました。ジャンケンが一番強いのは誰ですか。○をつけましょう。

6 推理・思考（四方図）

- それぞれの生き物の向きから積み木を見るとどのように見えますか。右側の四角の中から選んで、それぞれの印（×、△、○）をつけましょう。

7 推理・思考（重さ比べ）

- シーソーでアメとクッキーとチョコレートの重さ比べをしました。上の絵のようになっ

たとき、一番重いものに✕、一番軽いものに○をつけましょう。印は下の絵につけましょう。

8 推理・思考（変わり方）

・矢印を通ると丸やバツや三角の数はそれぞれ上のお手本のように変わります。どういうお約束で変わるかを考えて、下の左の四角が矢印を通ったときのそれぞれの印の数を、右の四角にかきましょう。

9 点図形

・左がお手本です。同じように右にかきましょう。

▮ 集団テスト ▮

📖 ジャンケンゲーム

テスターとジャンケンをする。負けたときやあいこのときは床に座る。勝ったらそのままジャンケンを続ける。最後のジャンケンはテスターに負けたら勝ちというお約束で行う。

紙テープをもらい、腕輪のようにして手につける。5、6人のグループになり、代表者を決める。テスターとグループの代表者たちがジャンケンをし、2回勝ったらそのグループの人は全員キラキラシールをもらうことができる。シールを紙テープの腕輪に貼る。何回か対戦するので、そのつど相談して代表者を決める。

📖 劇遊び

5、6人のグループで行う。「桃太郎」「白雪姫」「おおかみと七ひきのこやぎ」「赤ずきんちゃん」「シンデレラ」の中から全員で相談して1つお話を決め、役やセリフを決めて劇の練習をし、みんなの前でグループごとに発表する。

▮ 運動テスト ▮

四角の枠の中で、指示された運動を行う。

📖 片足バランス

・片足バランスを右足10秒、左足10秒ずつ行う。
・右手で右足のつま先をつかんでバランスをとる。次は左手で左足のつま先をつかんでバランスをとる。

・目を閉じて片足バランスを10秒行う。

🔖 ケンケン

その場で右足ケンケン、左足ケンケンを行う。

考査：2日目

親 子 面 接

本 人

・お名前を教えてください。
・好きな遊びは何ですか。
・幼稚園（保育園）では誰と何をして遊びますか。
・お友達とけんかをしますか。どうしてけんかをしますか。
・最近1人でできるようになったことは何ですか。
・1人でできるようになりたいことは何ですか。
・本は好きですか。どんな本を読みますか。本の内容を教えてください。
・お父さんと何をして遊びますか。

父 親

・志望理由をお聞かせください。
・本校とご家庭の方針のどんなところが合っていると考えますか。
・本校に期待していることは何ですか。
・ご家庭で大切にしていることは何ですか。
・お子さんの長所をお話しください。
・子育てで大変なことは何ですか。

母 親

・お子さんの性格をお話しください。
・子育てで大切にしていることは何ですか。
・子育てで注意していることは何ですか。
・お子さんの短所をどのように直したらよいとお考えですか。
・どんなときにお子さんをほめたりしかったりしますか。
・父親のことをお子さんにどう話していますか。
・お子さんは幼稚園（保育園）の先生からどのように言われていますか。

2

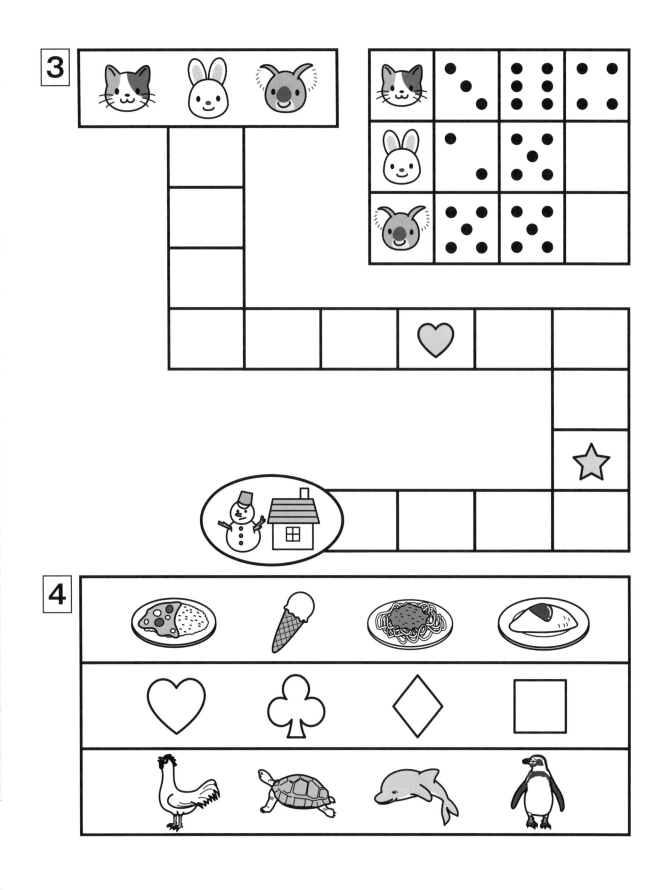

5

6

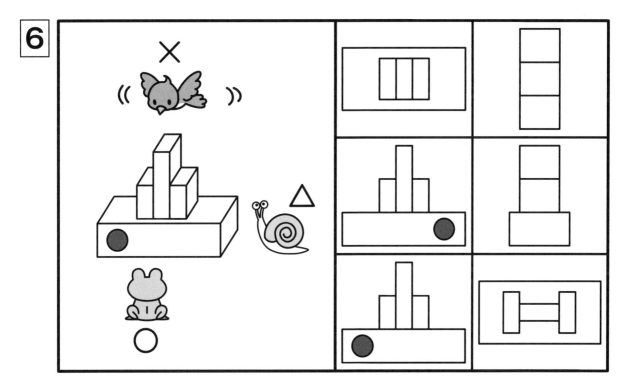

7

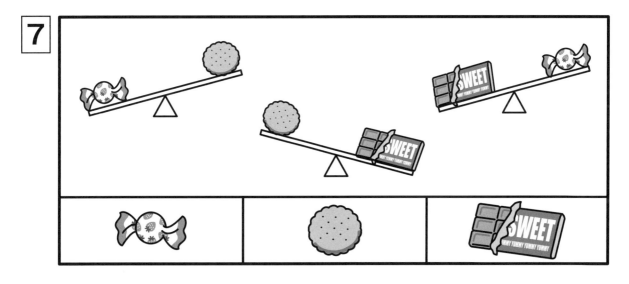

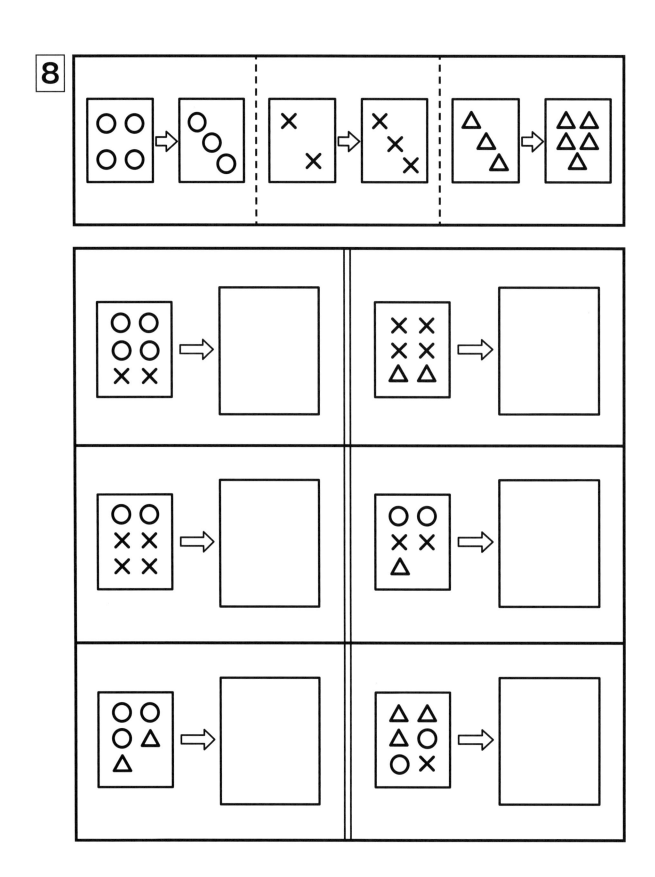

9

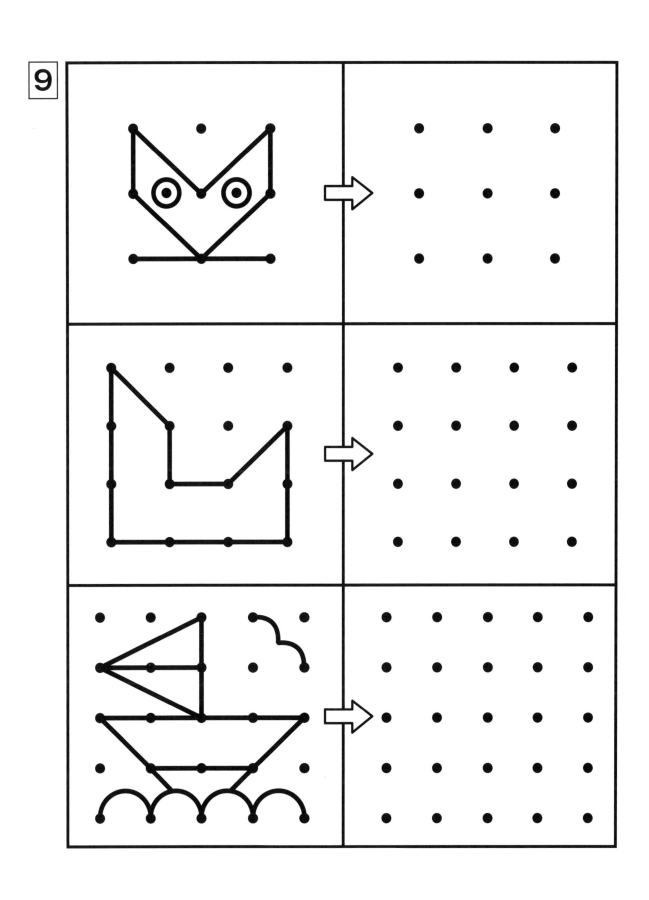

光塩女子学院初等科
入試シミュレーション

光塩女子学院初等科入試シミュレーション

1 話の記憶

プリントを裏返しにしてお話を聞く。

「ネコ君が道を歩いていると、泣いている小さいウサギちゃんに会いました。『ウサギちゃんどうしたの？』と聞いても、泣くばかりで何もお話ししてくれません。『困ったなあ』と思っていると、ネズミさんが通りかかりました。『ネコ君どうしたの？』『それがね、ウサギちゃんが泣いていて、僕、どうしていいかわからなくて……』『なーんだ、そんなの簡単よ、おなかがすいたんでしょう。はい、このニンジンをあげるわ』。そう言いましたが、ウサギちゃんはまだ泣いています。『仕方ないわね、今採ってきたばかりのこのブドウの方がいい？』それでもウサギちゃんはイヤイヤをして泣くばかりです。『どうしたの？』今度はクマ君が通りかかりました。ネコ君がわけを話すと、クマ君は、『じゃあ僕が掘ってきたこのサツマイモをあげるよ。それともキノコの方がいいかな？』と言ってウサギちゃんの前においしそうなキノコとサツマイモを並べましたが、ウサギちゃんはますます大声で泣くばかりです。『やっと見つけた』。ウサギちゃんのお母さんが走ってくるのが見えました。ウサギちゃんはその声を聞くとはっと顔を上げ、お母さんの方へ走っていきました。『なーんだ。お母さんとはぐれて寂しかったんだね』と、みんなはひと安心。『ありがとうございました』と頭を下げるお母さんの後ろで、ウサギちゃんはニッコリとしてみんなにきれいなコスモスを１輪ずつくれました。『もう迷子にならないようにね』と手を振るころには、とてもきれいな夕焼け空になっていました」

- 一番上の段です。お話に出てきた動物に○をつけましょう。
- ２段目です。お話の中で、泣きやんでほしくて動物たちが出してきたもの全部に○、お礼にもらったものに△をつけましょう。
- 一番下の段です。お話の季節に○をつけましょう。

2 話の理解

「ウサギさん、タヌキさん、クマ君、サルさんの４匹がかけっこをしました。かけっこが終わった後で、みんながお話をしています。ウサギさんが言いました。『わたしはすぐ前のタヌキさんのしっぽがピョコピョコするのを見ていて面白かったよ』。タヌキさんも言いました。『わたしはサルさんの赤いお尻を一生懸命追いかけたんだ』。するとクマ君が、『僕は前を走っているウサギさんの耳が折れちゃいそうで心配になっちゃった』と言いました」

- 一番前を走っていた動物に○をつけましょう。
- 前から３番目を走っていた動物に△をつけましょう。

3 話の理解

「ウサギさん、クマ君、タヌキさんで電車ごっこをしました。ジャンケンで一番多く勝ったら運転手さん、2番目に多く勝ったらお客さん、一番多く負けたら車掌さんということにしました。ジャンケンをすると、上の絵のように決まりました」

・どのようにジャンケンをしたのでしょうか。下の絵から選んで、左端の四角に○をかきましょう。

4 話の理解

動物たちがいろいろなところに立っています。これからするお話に合う動物を、下の四角の中から選んで印をつけます。
・右手の方にお家、左手の方に池がある動物に○をつけましょう。
・正面にお家、左手の方にクリの木がある動物に×をつけましょう。
・すぐ左側にクリの木、正面に花壇がある動物に△をつけましょう。
・すぐ左側に花壇、右側にクリの木がある動物に□をつけましょう。

5 推理・思考

動物たちが水泳競争をしています。右の飛び込み台からスタートして反対側に着いたら戻ってくるという競争です。絵はその途中の様子が描いてあります。
・今、先頭はどの動物ですか。リンゴの段から選んで○をつけましょう。
・今、3番目に速いのはどの動物ですか。ブドウの段から選んで○をつけましょう。
・この後キツネが2匹抜き、そのままの順で全員がゴールしました。ネコは何着でしたか。その数だけバナナの段に○をかきましょう。

6 数 量

・上の絵の中で、リンゴとミカンはそれぞれいくつありますか。その数だけ、それぞれの絵の横の長四角に○をかきましょう。
・リンゴ、ミカン、バナナ、それぞれの果物を、子どもたちが同じ数ずつ仲よく分けます。2人で分けられるときは下の四角のその果物に○、3人で分けられるときは△をかきましょう。どちらでも仲よく分けられる果物には、印を並べてかいてください。

7 話の理解・数量

「たつき君とゆめさんがダーツをしています。真ん中の小さい丸に当たったら3点、中くらいの丸に当たったら2点、白く大きい丸だったら1点、それ以外は0点というお約束です。今、2人とも5本のうち4本を投げ終わったところです」

・今、たつき君とゆめさんは何点ですか。その数だけ顔の横に○をかきましょう。

・今、どちらが何点勝っていますか。勝っている方の顔に○をつけ、勝っている点数だけ○をかきましょう。

・たつき君が最後の1本を真ん中の小さい丸に当て、その後ゆめさんが投げたら引き分けになりました。ゆめさんはどの丸に当てましたか。合うものに○をつけましょう。

8 推理・思考（マジックボックス）

それぞれ上の段がお手本です。

・黒丸や白丸はトンネルを通るとどのように変わるかお手本を見て考えて、それぞれトンネルを通った先に印をかきましょう。

9 推理・思考（マジックボックス）

それぞれ上の段がお手本です。

・マス目の中の黒丸、白丸、バツ印がトンネルを通ると上や下、右や左に動きます。どちらの方向にいくつ動いたかを考えて、トンネルを通った先に印をかきましょう。

10 推理・思考（四方図）

・机の上のケーキとジュースは、イヌ、タヌキ、キツネの方から見るとどのように見えますか。下の6つから選んで、その下の四角にそれぞれの印をかきましょう。

11 推理・思考（四方図）

・左の積み木を前や後ろ、横や上というようにいろいろな方向から見た絵が右側に描いてあります。でも1つだけ、どこから見てもそのようには見えない絵があります。それぞれの段から1つずつ選んで×をつけましょう。

12 推理・思考

・上の四角の2つの絵がお約束です。絵のように動物たちが綱引きをすると引き分けになりました。では、今度は下の2段のように動物たちが綱引きをしたらどちらが勝つでしょうか。勝つと思う方に、それぞれ○をつけましょう。

13 推理・思考

動物たちが今並んでいる順番で観覧車に乗ります。観覧車は矢印の向きに回ります。

・ゾウが丸のゴンドラに乗るとき、三角のゴンドラに乗るのはどの動物ですか。下の四角の中の動物から選んで○をつけましょう。

・サルが乗ったゴンドラが一番上に来るとき、一番下に来るのはどの動物ですか。同じ四角の中から選んで△をつけましょう。

・ウサギの乗ったゴンドラが黒い星のところまで来るとき、ウサギと同じ高さのゴンドラに乗っている動物を下から選んで□をつけましょう。

14 言語（しりとり）

・言葉の2番目の音が次の言葉の初めの音になるように、しりとりでつなげます。左端から始めて右端までつなげるには、それぞれの列からどれを選ぶとよいですか。合うものに○をつけましょう。

15 言語（しりとり）

・二重丸の傘から始めて、なるべく長くしりとりでつなげたとき、最後になるものに○、使わないものに×をつけましょう。

16 言　語

・上の段です。左の四角の中の絵の初めの音をつなげると、どのような言葉ができますか。右の四角から選んで○をつけましょう。
・真ん中の段です。左の四角の中の絵の最後の音をつなげると、どのような言葉ができますか。右の四角から選んで○をつけましょう。
・下の段です。左の四角の中の絵の2番目の音をつなげると、どのような言葉ができますか。右の四角から選んで○をつけましょう。

17 常識（数詞）

・四角に描いてあるものと同じ数え方をするものを選んで、それぞれの印をつけましょう。

18 点図形

・左のお手本と同じになるように、右にかきましょう。

1

2

3

4

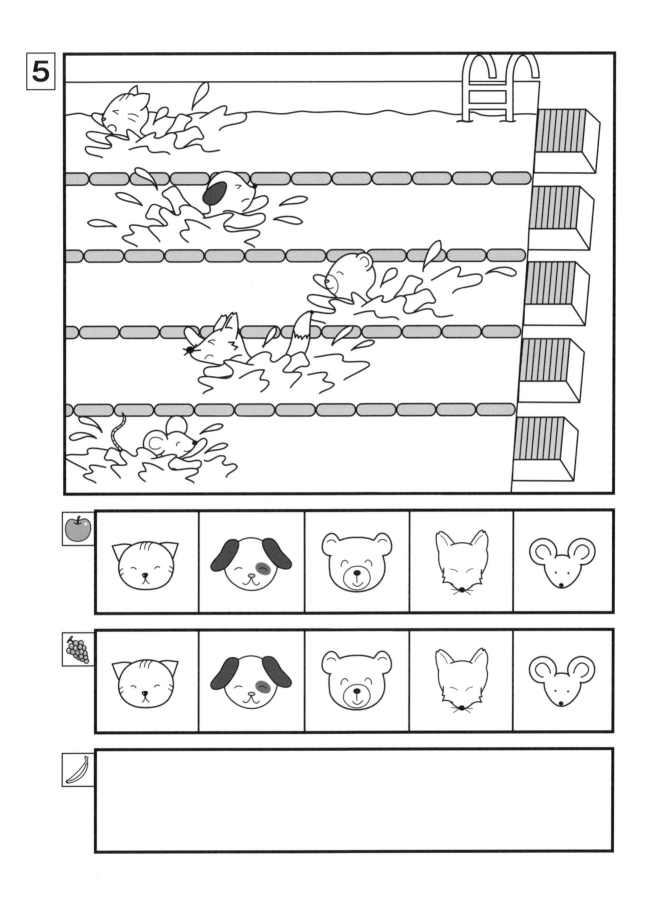

6

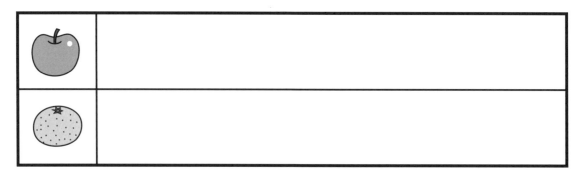

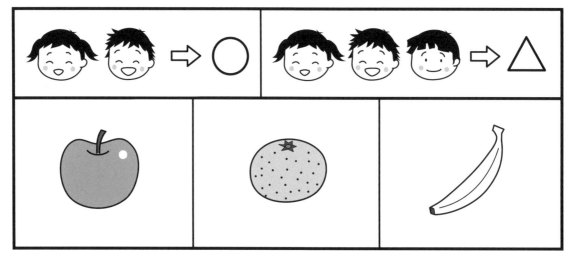

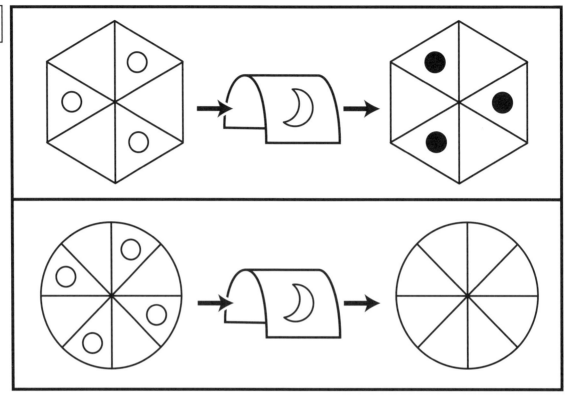

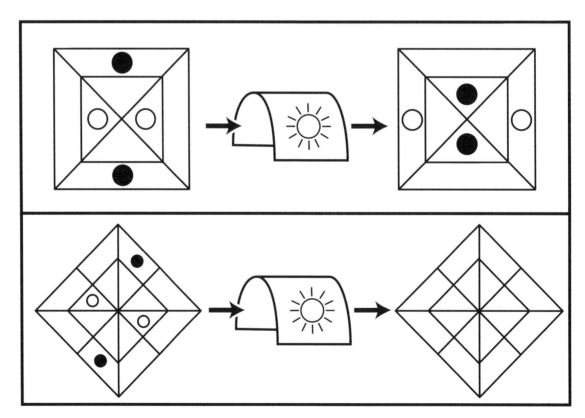

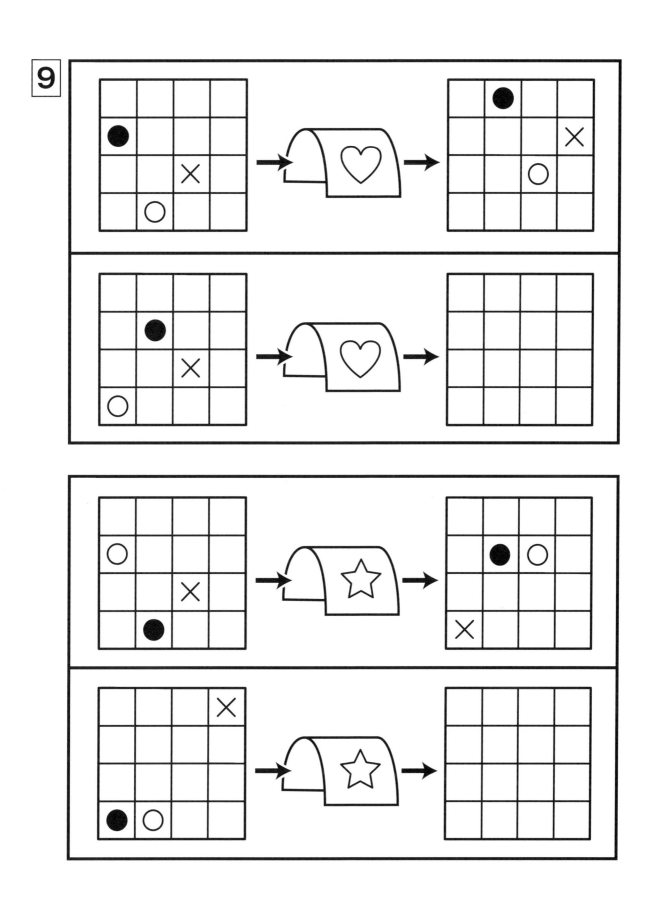

10

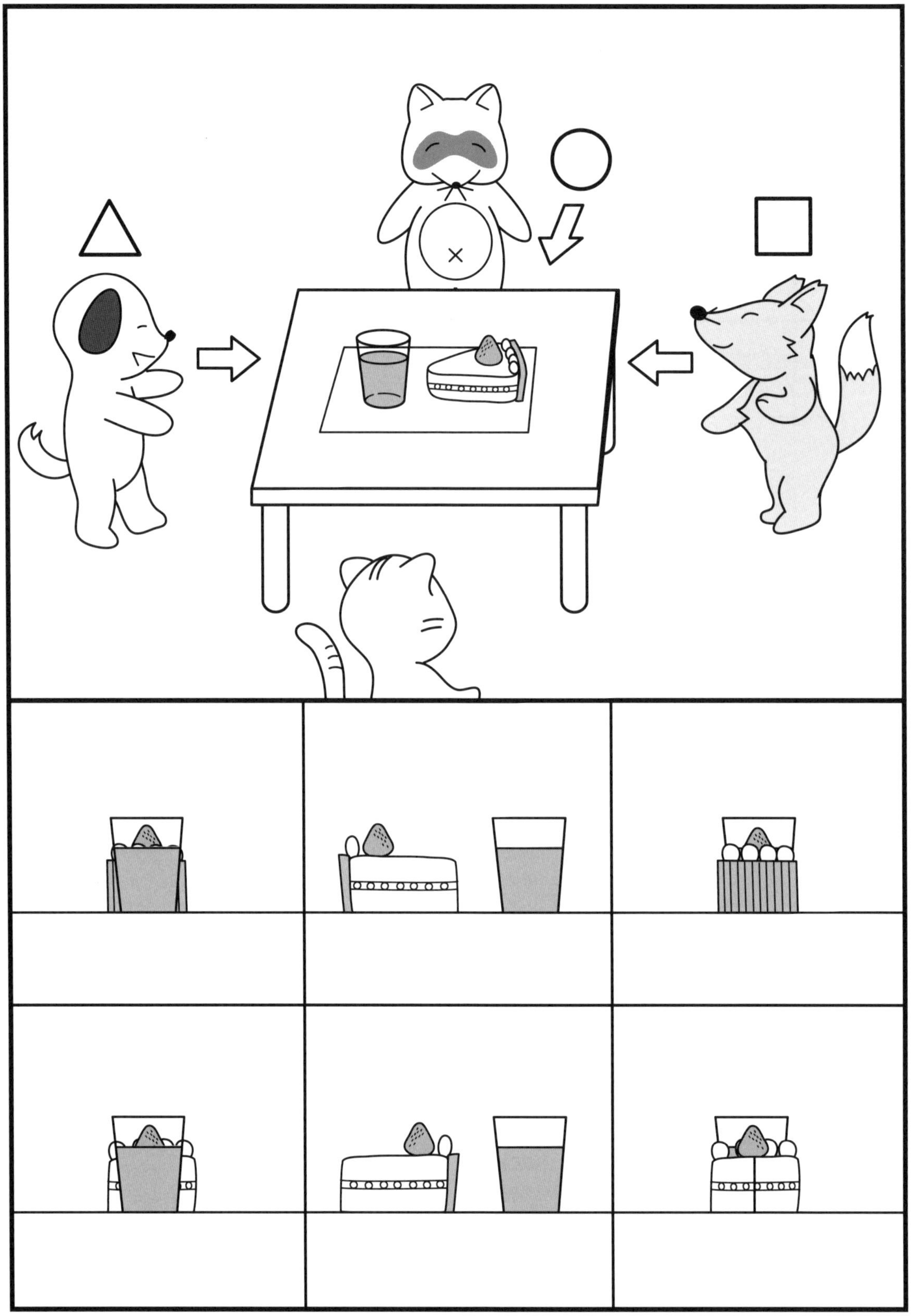

11

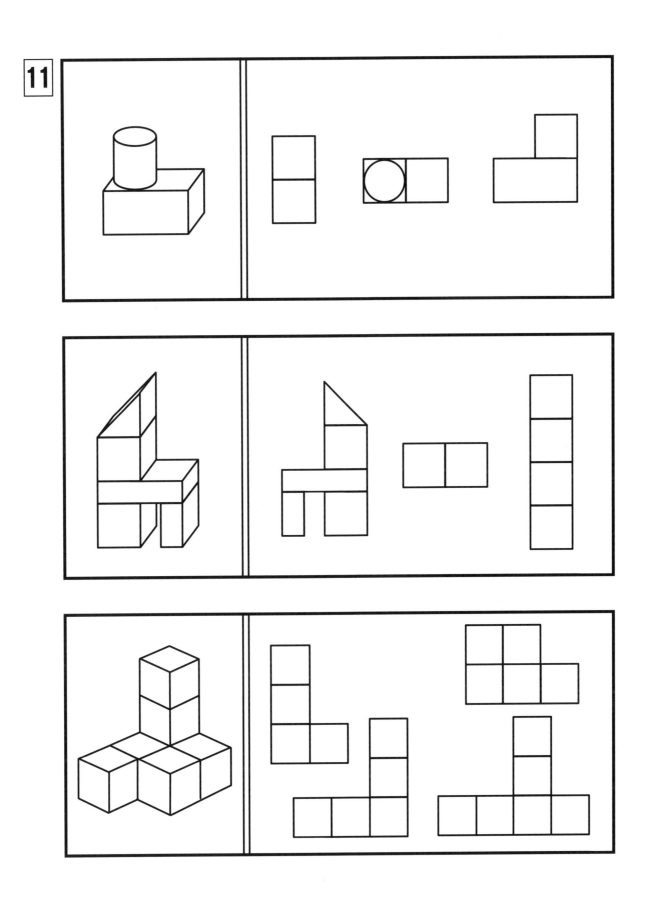

13

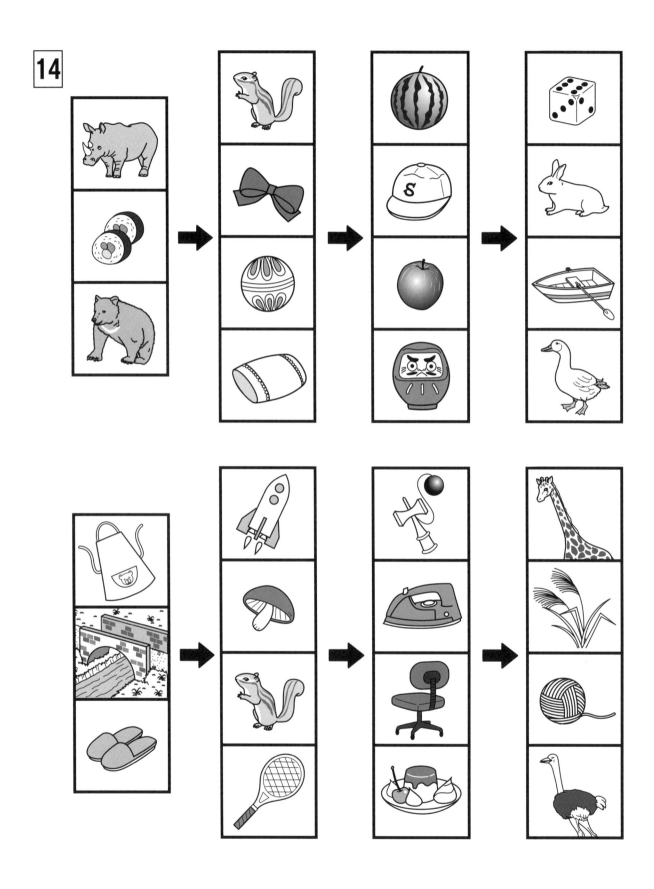

15

16

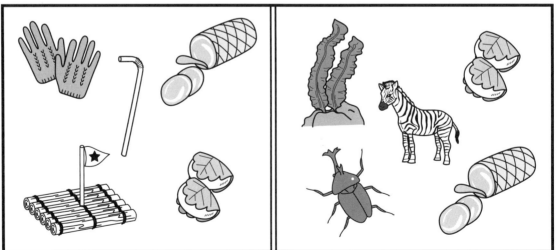

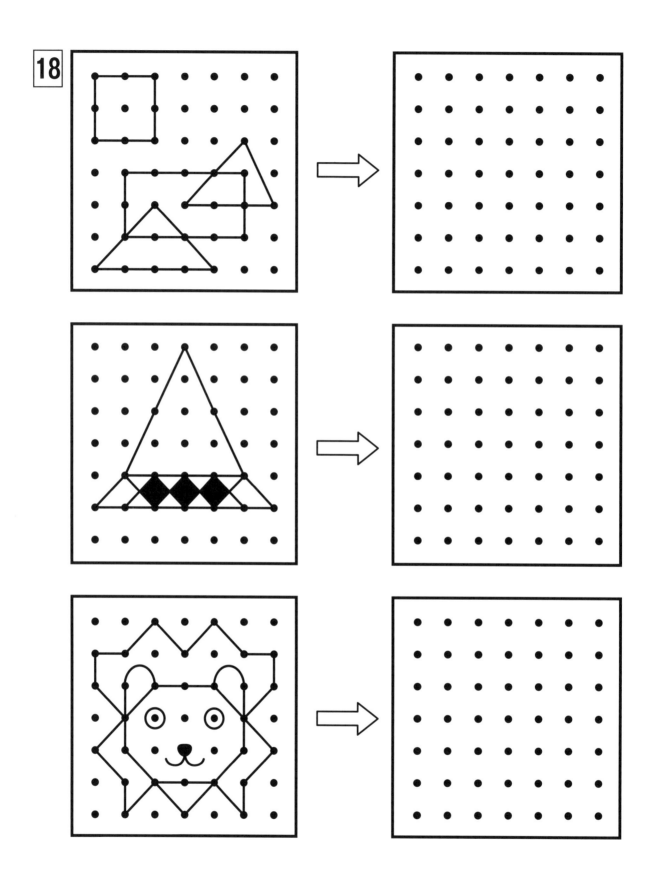

2024 学校別過去入試問題集

✏️ 年度別入試問題分析【傾向と対策】　✏️ 学校別入試シミュレーション問題　✏️ 解答例集付き

伸芽会の有名小学校合格シリーズ

Shinga-kai

カラーページ増殖中！

※2022年秋実施の入試問題を含む

過去5〜15年間分
全44冊52校掲載

定価3410円〜3520円
（本体3100円〜3200円＋税10%）

全国の書店・伸芽会出版販売部にお問い合わせください。

伸芽会　出版販売部 **03-6914-1359**（10:00〜18:00 月〜金）

〒171-0014 東京都豊島区池袋2-2-1 7F　https://www.shingakai.co.jp

2023年2月より順次発売中！

© '06 studio*zucca

［過去問］ 2024

光塩女子学院初等科 入試問題集

解答例

✳ **解答例の注意**

この解答例集では、ペーパーテスト、個別テストの中にある□数字がついた問題、入試シミュレーション
の解答例を掲載しています。それ以外の問題の解答はすべて省略していますので、それぞれのご家庭でお
考えください。（一部□数字がついた問題の解答例の省略もあります）

入試シミュレーションの
解答例もあります！

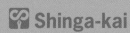

Shinga-kai

1

2
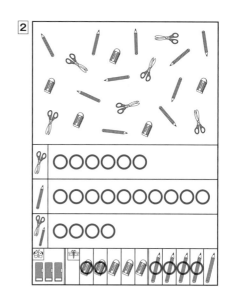

3
4
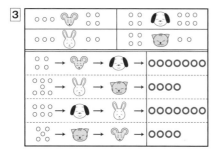

5
6
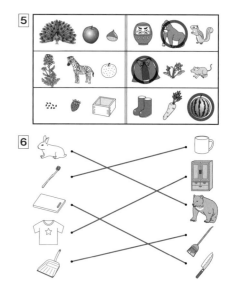

7

※ 7 の2問は複数回答あり

8
9

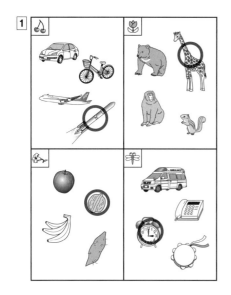

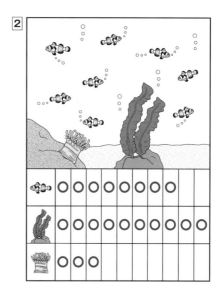

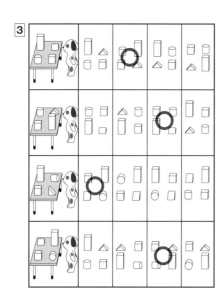

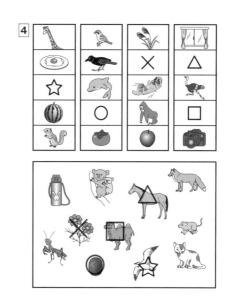

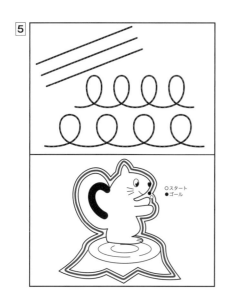

1
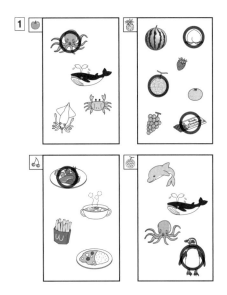

2
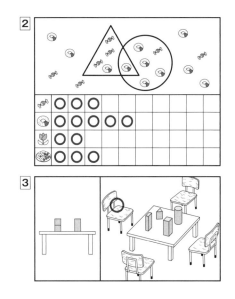

3
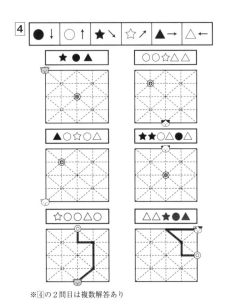

4
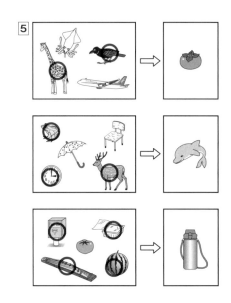

※4の2問目は複数解答あり

5

6

1

2

3

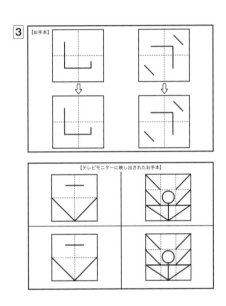

4

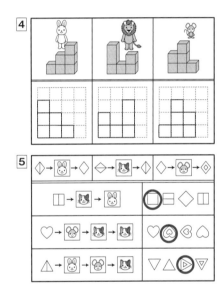

5

6

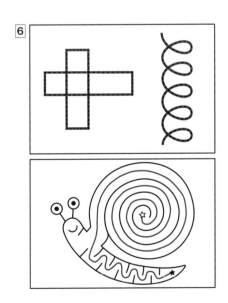

1

2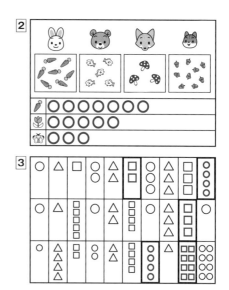

4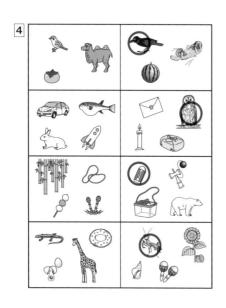

5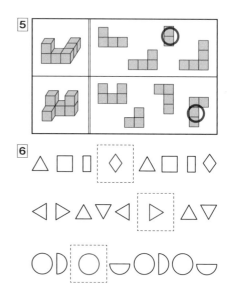

7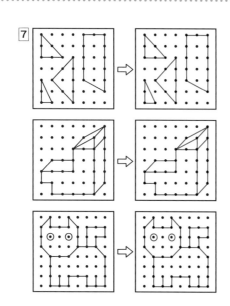

1

2
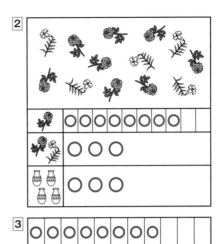

3

4
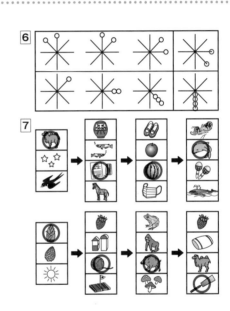

5

6

7

8
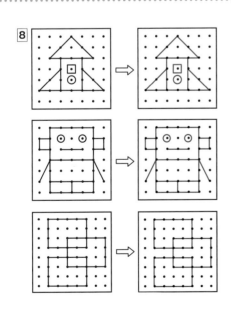

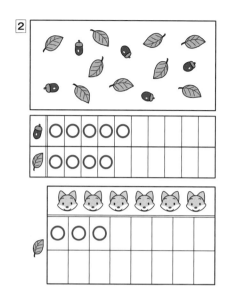

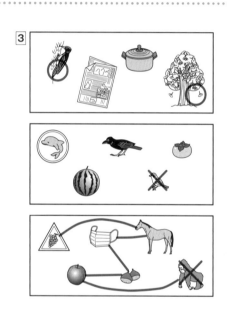

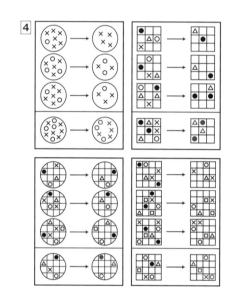

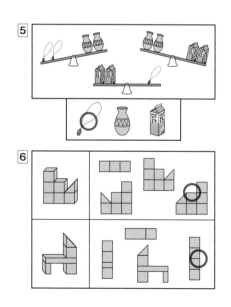

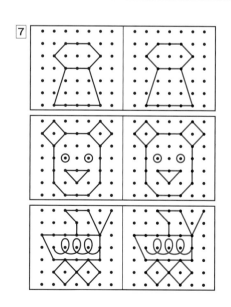

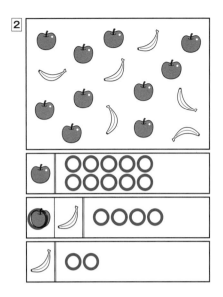

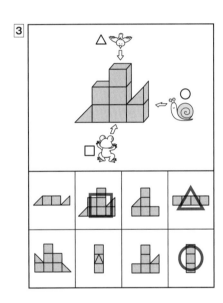

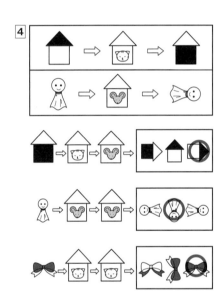

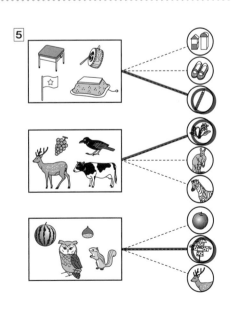

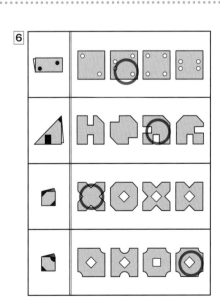

1

2

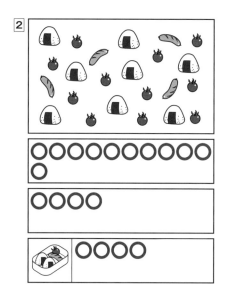

3

4

5

6

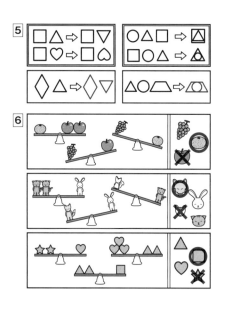

7

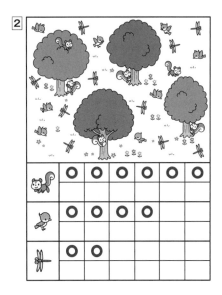

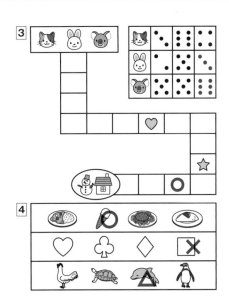

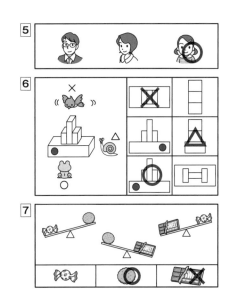

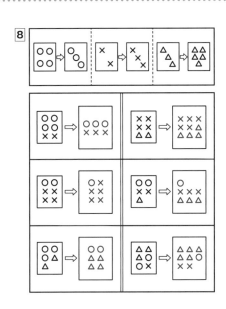

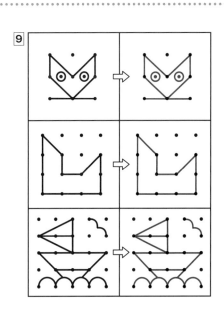

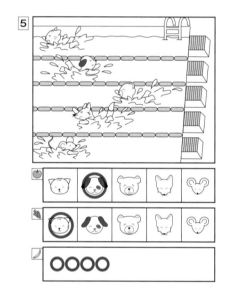

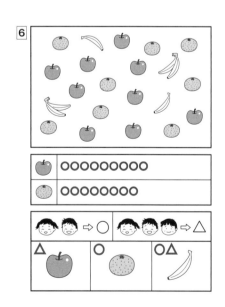

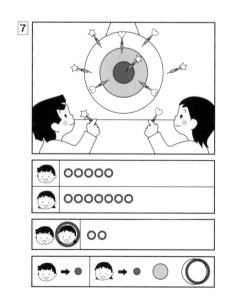

8

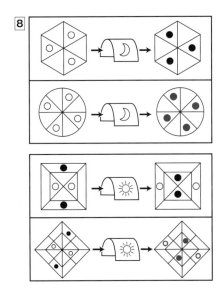

9

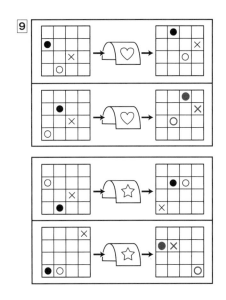

10

11

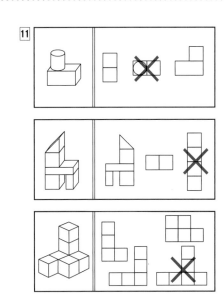

12

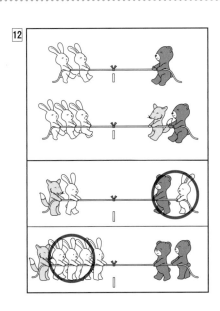

13

14

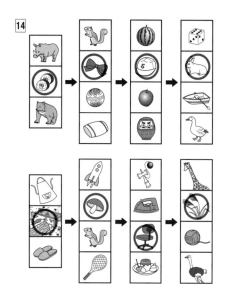

15

16

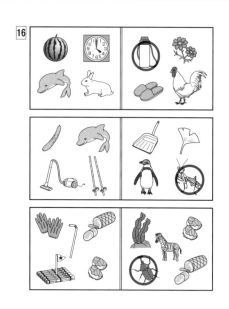

17

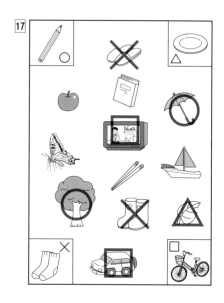

18

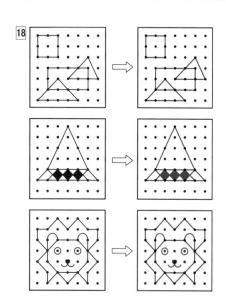